경험하고
공감하고
함께하는

마케터의 일

장인성 지음

넥스토툰

마케터
장인성
입니다

반갑습니다.

_____ 님,

안녕하세요.

그래요, _____ 님, 우리 마케터들은
참 여러 가지 일을 하고 있습니다.

쿠폰을 발행하고, 지표를 읽고, 배너를 만들고, 효과를 분석하기도 하고요. 때로는 고객에게 편지도 쓰고 경품을 사느라 인터넷 쇼핑몰을 검색하고 전화해서 택배로 받거나 직접 가서 사오기도 하죠.

마케터가 되면 분석도 하고 전략도 세우고 TV 광고도 만들고, 여하튼 뭔가 멋진 일을 할 거라 생각했는데, 현실은 시궁창 잡다한 일투성이입니다.

작은 회사일수록 마케터는 여기에도 저기에도 속하지 않는 애매하고 어중간한 일들을 다 맡아서 하게 되잖아요. 5년 전, 제가 우아한형제들에 처음 왔을 때 마케터가 저 포함해서 두 명이었어요. 둘이 마케팅 이벤트를 만들고, 온라인 광고를 하고, 페이스북 계정을 운영하고, 앱스토어 리뷰를 모니터링했습니다. 홍보팀이 따로 없어서 마케터들이 보도자료 써서 기자들에게 배포하기도 했어요. 위기관리도 우리가 나서서 하고, 앱에 들어가는 문장도 하나하나 손봤습니다. 회사의 구성원들이 배달의민족다운 문화에 공감하는 것도 중요한 브랜딩 활동이라 생각해서 워크숍 기획도 함께했어요.

그래도 팀원이 몇 명 안 되던 때에는 고생스럽더라도 일에 대해 서로 이야기 나눌 시간이 많았는데, 구성원이 점점 늘어나서 10명을 넘기면서부터는 이것도 쉽지 않더라고요. 일의 가짓수는 많아지고 복잡도도 높아집니다. 대화할 기회가 상대적으로 많은 시니어 마케터들은 계속 저와 의견을 나누지만 주니어들과는 이야기할 시간이 많지 않았습니다. 더 부지런해져야 하지만 생각만큼 쉽지 않죠.

처음에는 함께 일하는 주니어 마케터들에게 제 잔소리이자 경험자산을 나눠주려고 글을 쓰기 시작했습니다. 그런데 쓰다 보니, 같이 일하는 마케터들뿐 아니라 옆 회사, 다른 회사, 경쟁사의 마케터들에게도 읽을 만한 글이 될 수 있겠다는 용감한(?) 생각이 들더라고요.

그래서 씁니다. '마케터의 일'

네, 이 책은 어떤 IT서비스 회사에서 마케터들이 일상적으로 주고받는 이야기이자 마케터 장인성의 개인적 경험에 기반한 본격 '저는 이렇던데요' 이야기 묶음집입니다. 사적인 이야기이고 주관적인 생각이에요. 어쩌면 이 책의 숨은 제목은 '마케터 장인성의 일'인지도 모릅니다.

이 이야기를 읽으며 마케터 _____의 일은 어떤 것인지 생각하는 기회가 되면 좋겠습니다. 10명이 읽으면 10개의 '마케터의 일'이 생기는 거죠. 그렇게 '마케터의 일'이 100개가 되고, 1000개가 되고, 그로써 각자의 이름이 담긴 '마케터의 일'의 시작점이 된다면? 책 쓰는 고통 속에서 잠시 기분 좋은 상상을 해봅니다.

마케터가 하는 일은 회사마다 사람마다 다르고 구분하는 방법도 여러 가지일 거예요. 저는 이렇게 한번 정리해보겠습니다.

목표를 세운다

목표를 세우는 것은 마케팅의 출발점이자 가장 중요한 일입니다. 달성하고 싶은 게 뭔지, 풀어야 할 문제가 뭔지 제대로 알지 못하면 기발한 방법을 찾아 완벽히 실현해도 아무 일도 일어나지 않습니다. 왜 하는지, 목표가 무엇인지, 함께하는 사람 모두가 공감하고 시작해야 합니다.

방법을 찾는다

목표를 달성하는 방법은 하나가 아니죠. '이거 아니면 절대로 안 돼!'라는 건 별로 없습니다. 목표를 향해 가는 길은 수십 수백 가지도 더 됩니다. 개중에는 그럭저럭 도움 되는 방법도 있고, 결정적으로 끝내주는 방법도 있겠죠. 뭐든 하면 도움이 됩니다. 하지만 우리의 예산과 시간에는 한계가 있잖아요. 그러니 '적당히 괜찮은' 방법에 현혹되지 말고 '가장 좋은' 방법을 찾아내야 합니다.

계획을 실현해낸다

계획한 대로 실현하다 보면 몰랐던 것을 알게 되기도 합니다. 또 그동안 소비자도 변하고, 회사의 상황도 달라집니다. 상황 변화에 따라 계획을 계속 수정하고, 더 중요한 것과 덜 중요한 것을 구분해 집중해야 하죠. 협업을 이끌어내고 공감했던 목표에 맞게 일을 해결해가는 것, 여기에는 커뮤니케이션 능력과 순발력과 결단력을 비롯해 다양한 노하우가 필요합니다.

이런 내용으로 차례를 구성했습니다.
1장에서는 마케터가 일하며 갖춰야 할 태도에 대해
2장은 목표를 세우고 최선의 방법을 찾아내는 과정에 대해
3장은 계획한 대로 목표에 맞게 실현하는 역량에 대해
4장에서는 여러 명의 마케터들과 함께 더 크고 가치 있는 일을 해나가는 방법에 대해 이야기해보기로 해요.

마케터의
기본기

일 잘하는
사람

1년쯤 전의 일입니다. 마케터들과 1대 1 면담을 했어요. 진행 중인 프로젝트 이야기는 늘 하고 있지만, 어떤 일을 할 때 재미있는지, 앞으로 어떤 일을 하고 싶은지, 일하면서 무엇이 가장 어려운지 같은 이야기를 마음먹고 진지하게 할 기회는 별로 없잖아요. 그래서 일부러 기회를 만들었습니다.

마케터들의 이야기는 각자 다른 곳에서 시작됐지만 신기하게도 같은 곳으로 흘러갔습니다. '전문 기술이 없어서 불안하다'는 이야기였어요. 그들 중 한 명은 입사 초반에 부서를 여러 번 옮겼습니다. 사업부가 없어지기도 했고요. 그러다 보니 사업도 찔끔, 기획도 찔끔, 이제 마케팅도 찔끔, 뭐 하나 제대로 쌓아온 것 없이 연차만 올라가고 있어서 걱정이라고 했습니다. 몇 년째 마케팅을 하고 있지만 뭘 잘하는지 모르겠고, 아직 통계 분석도 잘 못하고 소셜미디어에 대한 감도 없고 카피도 잘 못 쓰는데 괜찮은 걸까요? 빨리 어느 한 분야를 잡아서 전문 기술자가 되어야 하는 것 아닐까요? 너무 늦은 것 아닐까요? 이런 고민들 말이죠.

여기까지 읽고 있는 당신도 이런 비슷한 고민이 있죠? 작은 분야에서라도 어서 자리 잡고 싶고, 페이스북 마케터 혹은 소셜 마케터 혹은 퍼포먼스 마케터라고 자신의 존재를 인정받고 싶은 마음도 있을 겁니다.

그날 저는 마케터들에게 이런 이야기를 해줬습니다. 마케팅은 기술도 필요하지만 그보다 더 중요한 것이 있다. 누구에게 팔면 좋을지, 그들은 어떤 사람들인지, 그들은 왜 우리가 원하는 대로 움직이지 않는지 원인을 찾고, 달성해야 할 목표를 정하고, 최적의 방법을 만들고, 여러 사람의 힘을 모아 제대로 실행해서, 기대했던 결과를 얻어내는 것, 이게 마케팅의 기본이고 본질이고 실체라고 말이죠.

네, 듣고 보면 너무 당연한 말이지만, 이게 사실이니까요. 이 본

질적 능력을 갖춘 후에, 분석이나 카피 등의 기술은 그 위에 얹는 겁니다.

예를 들어볼까요? 저희 팀에는 카피라이터가 없습니다. 대신 '카피도 잘 쓰는 마케터'가 있어요. 비슷해 보일지 모르지만 좀 다릅니다. '카피도 잘 쓰는 마케터'는 글 잘 쓰는 능력보다는 마케팅 문제 해결사로서의 능력에 더 기대가 큰 거예요. 외과의사에게 바느질 실력보다 인체에 대한 이해가 더 중요하듯이.

마케팅을 잘하려면, 마케팅 이전에 일단 그냥 일을 잘해야 합니다. 일 잘하는 사람은 메일 쓰는 것만 봐도 알아요. 받는 사람이 회의가 많으니 메일 확인은 스마트폰으로 하겠지? 긴 글은 읽을 여유가 없을 테니 짧게 써야겠다. 하나의 메일로는 하나의 이야기만 해야겠다. 워드나 엑셀 같은 첨부파일은 내용을 보기 번거로울 테니 캡처 이미지로 본문에 넣고 PDF로 변환해서 첨부해야겠다. 용량이 큰 파일은 다운로드가 어려울 테니, 동영상은 저용량으로 변환해서 보내야지… 이런 건 센스를 타고나지 않아도 상대를 관심 있게 보고 상상하면 할 수 있는 생각들입니다. 상대가 물어볼 만한 것을 상상하고 그 답까지 미리 쓸 수도 있죠.

또 이런 일들을 나 혼자 잘한다고 다 되는 것도 아닙니다. 회사에는 '함께 잘하는 사람'이 어울립니다. 혼자만 잘하는 사람과 함께 잘하는 사람은 차이가 있어요. 후자에게는 다음과 같은 특징이 있습니다.

사리분별을 잘하고
이해력이 높고
공감력이 있고
배려심 있고
잘 설명하고
일 욕심 많고
부지런하고
자존감 높고
칠칙한 사람

일 잘하는 사람

이런 사람은 사실 마케팅이 아니라 뭘 해도 잘합니다. 우리 일의 많은 부분은 듣고, 보고, 이해하고, 핵심을 짚어내고, 말하고, 설득하고, 문서로 정리하고, 공감하고, 깨닫고, 행동으로 옮기는 것들 아니던가요. 일의 종류가 바뀌고 산업군이 달라져도 일의 근본은 바뀌지 않습니다.

물론 바뀌는 것도 있죠. 공중파TV에서 케이블TV, IPTV, 블로그, 페이스북, 인스타그램, 이제 유튜브로. 그러나 이런 건 마케팅의 본질이 아니라 현상입니다. 앞으로도 계속 변할 거예요. 이런 미디어나 채널을 활용하는 기술은 그때그때 부지런히 익혀야 하지만, 이런 기술에 정신을 빼앗겨 본질을 까먹으면 안 됩니다. 마케팅의 본질은 소비자에 있습니다. 소비자의 입장에서 자사 제품/서비스를 바라보고, 소비자가 모르는 그들의 불편까지 느끼고, 소비자가 듣고 싶어 하는 이야기를 알고 들려주는 것, 소비자의 관심을 이끌어내고 생각을 바꾸고 행동을 바꾸는 것이 우리 일의 본질입니다.

경력보다
경험을 말한다

"마케터가 되려면 무엇을 준비해야 할까요?"

학생들을 만나면 종종 받는 질문입니다. 돌이켜보니 저도 대학생 때 학교를 졸업하면 광고회사에 가고 싶었는데, 어떻게 해야 할지 방법을 몰랐어요. 가장 먼저 생각난 게 광고 동아리여서 가입하고는 선배들에게 이것저것 물어봤습니다. "광고회사 가려면 뭘 해야 돼요?"

대학에서 '마케팅' 전공이 있는 곳은 별로 없죠. 패션마케팅학과, 스포츠마케팅학과 등이 가끔 있고, 보통은 경영학을 전공하면서 마케팅 수업을 듣는 정도입니다. 공인된 마케팅 자격증이 있는 것도 아니고, 디자이너의 포토샵이나 개발자의 JAVA처럼 마케팅 전문 툴이 있는 것도 아니고요. 어떻게 해야 '마케터'라는 자격이 생기는 걸까요?

저와 함께 일하는 마케터들의 대학 전공을 보면 재미있습니다. 실은 제각기 전공이 다양했다는 느낌만 있을 뿐 정확히는 기억하지 못하고 지내다가 글 쓰는 김에 찾아봤어요. 국문과를 졸업한 마케터가 두 명, 의류학과, 의상디자인학과 각 한 명, 경영학과도 몇 명 있네요. 저는 전파공학을 전공했습니다. 생소하지요? 무선통신이에요. 휴대폰의 기반기술 같은 건데, 그때만 해도 첨단기술이었어요. 흥미가 없어서 겨우겨우 졸업했네요. 입학할 땐 잘 맞을 거라 생각해서 들어갔는데 말이죠.

취업준비생들뿐 아니라 회사에서 일하고 있는 마케터들도 비슷한 고민을 하고 있습니다. 마케팅을 하겠다고 입사했는데 쿠폰 발행하고 랜딩 페이지만 만들고 있으니, 이래도 괜찮은 걸까. 더 잘하는 마케터가 되고 싶은데, 강연을 들으러 다녀야 하나, 책을 많이 읽어야 하나, 아니면 일에 미친 듯이 몰두하면 되나, 그런 고민요.

채용 인터뷰를 하다 보면 '저는 이런 일도 했고 저런 일도 했습니다' 하며 자신이 한 일의 목록을 주욱 나열하는 분을 만날 때가 있습니다. 자주 있어요. 하지만 누구나 알 만한 대단한 프로젝트를 해봤다는 것만으로는 별 의미가 없습니다. 히트한 프로젝트일수록 '그거 내가 했어'라고 하는 사람이 수십 명 됩니다. 그래서 더욱, '했어'가 아니라 '뭘 어떻게 했어'를 듣고 싶습니다.

어떤 사람들이 몇 명이나 함께했고, 그 사람들과 어떻게 일을 나눠서 했으며, 맡은 역할은 무엇이었는지, 그 일을 어떻게 다르게 했는지, 그 일을 하고 나서 스스로 무엇이 어떻게 달라졌는지에 대해 저는 더 관심이 갑니다.

'무엇을 했다'보다 '어떻게 한다'를 우선순위에 놓으면 지금 하고 있는 일이 조금 다르게 보일 겁니다. 대단한 프로젝트에 투입되었다 해도 구경만 하고 있으면 남는 게 없고, 사소한 일이라도 사소하지 않게 하면 위대한 경험을 만들 수 있습니다. 배민찬 택배박스를 포장할 때 테이프 끝을 살짝 접어서 뜯기 편하게 해두는데요, 이런 사소한 일부터 더 나아지게 만드는 사람에게 눈길이 가지 않을까요?

일 잘하는 사람들 사이에서 보고 배우는 것도 좋은 경험이 됩니다. 수영도 그렇잖아요. 저는 요즘 수영을 배우고 있는데요, 잘 모르겠을 때, 상급 레인 사람들이 수영하는 모습을 보는 것만으로도 공부가 되더라고요. '아, 저렇게 힘 빼고 슬슬 가는구나. 발도 몇 번 안 차네.' 초급반에서 나랑 똑같이 못하는 사람들만 볼 때는 몰랐던 것들이죠.

저는 2007년부터 2012년까지 네이버에서 함께 일했던 동료들에게 많이 배웠습니다. 어느 날은 네이버 브랜드가 나아가야 할 지향점에 대해 디자이너와 같이 이야기하는데, 마케터인 저보다 훨씬 구체적이면서도 더 근본적인 이야기를 하는 것 같았어요. 심지어 그러면서도 더 실제적인 이야기였어요. 듣고 있는데 머리가 찌릿찌릿하더라고요. 잘하는 걸 보는 것만으로도 '저런 세상이 있다'는 걸 알게 됐어요. 보니까 알게 되고, 알게 되니 그때부터 가능성이 열리더라고요. 일을 이렇게도 할 수 있구나! 그때의 경험이 엄청난 자극이 됐죠. 모르면 상상도 할 수 없어요.

여기까지 읽고 나면, 회사에 일 잘하는 사람이 없는데 어떻게 하냐고 생각하는 분도 계실 것 같아요. 아니, 많을 겁니다. 사실 그게 보통입니다. 괜찮아요. 저는 운이 좋았지만 보통은 그렇지 않죠. 회사에 보고 배울 사람이 없으면 책이나 영상 등을 통해 배울 수도 있고, 회사 밖에서 사람들을 만날 수도 있습니다.

우선 책부터 시작해보죠. 애플, 샤오미, 아마존, 소프트뱅크, 츠타야, 무인양품을 만들어가는 사람들을 직접 만날 수는 없지만 책을 통해 이야기를 들을 수 있습니다. 우선 100권 읽는 걸 목표로 삼아보세요. 테드TED.com에도 마케팅 토크가 있습니다. 브랜드 잡지 〈매거진 B〉가 매달 나오고요. 팟캐스트 버전인 〈비캐스트 Bcast〉는 매주 업데이트됩니다. 마케팅 세미나를 찾아 들을 수도 있고요.

잘하고 있는 브랜드들로부터 배우기도 합니다. 배우고 싶은 브랜드의 페이스북, 인스타그램, 유튜브 계정을 팔로우합니다. 소셜미디어를 통해 마케터들이 읽고 좋았다고 하는 책을 추천받을 수 있습니다. 이 책도 그런 마음으로 읽고 있는 거잖아요? 그래요, 맞아요. 잘하고 있습니다. 혹시 서점에서 살까 말까 망설이면서 읽고 있는 중이라면 다음 장을 하나 더 읽어봅시다.

경험자산에
투자하기

경험 하나하나를 그냥 흘려버리지 않고 잘 쌓아두면 그것을 '경험자산'이라 말할 수 있을 것 같습니다. 경험을 잘 쌓아두면 마케팅 목표를 정하고, 방법을 찾고, 계획을 실현하는 데 요긴하게 활용할 수 있습니다.

퇴근하고 사무실을 나오면 진짜 마케팅이 시작됩니다. 소비자를 관찰하며 경험을 쌓는 일, 경험자산을 만들어가는 일 말이죠. 가장 가까이에서 잘 관찰할 수 있는 소비자는 자기 자신입니다. 나는 내 소비의 히스토리를 알고 있어요. 그뿐인가요, 남들에게 결코 말해주지 않는 지질한 이유까지도 다 알고 있습니다. 물론 나 한 명으로 집단의 소비를 대표할 수는 없지만 그건 동료 마케터들과 이야기하면서 보완하면 됩니다.

경험할 때, 대상을 관찰하는 것에 그치지 않고 대상을 관찰하는 자기 자신을 관찰하는 데까지 가야 합니다. 자신이 하는 일이라 해도 그냥 돈 쓰고 있으면 내가 뭘 하는지 잘 모를 수도 있어요. 소비하면서 동시에 관찰자로, 자아를 30%쯤 떼어서 유체이탈한 기분으로 나를 관찰합니다. 제삼자 입장에서 관찰하고 기록해두는 거예요, 마음속에. 내가 무엇에 시선을 돌렸는지, 그냥 지나치는 광고와 한 번 더 보게 되는 광고는 어떤 차이가 있는지, 한참 들여다보고는 왜 안 샀는지, 귀찮아서 매번 미루다가 결국 넘어가는 계기는 무엇인지, 콜라보 한정판 상품을 비싼 줄 알면서도 산 이유가 뭔지, 오늘은 어떤 일에 분노했는지, 어떤 포스팅을 공유했는지, 그 이유는 뭐였는지.

뮤직 페스티벌이나 전시 등 행사에 가서도 유심히 보면 행사 스태프의 움직임이 눈에 들어옵니다. 귀에 들리지 않아도 무전기로 그들끼리 하는 말을 상상할 수 있어요. 내가 들어온 길을 따라 동선 설계도를 머릿속에 그려볼 수도 있고, 설계자의 의도대로 방문

객들이 움직이고 있는지 관찰할 수도 있습니다. 미처 생각지 못했던 발견에 기뻐하며 사진 찍고, 다음에 나도 적용해봐야겠다고 저장해둘 수 있죠. 어느 부스 앞에 줄 서는 나를 발견하고, 그런 나의 마음과 행동을 관찰하면 내가 언제 관심을 기울이고 언제 지루해하는지 알 수 있습니다. 이 관찰기를 가지고 비슷한 경험을 쌓고 있는 마케터 동료들과 대화해보면 자산증식 효과가 2배, 3배, 몇 배가 됩니다.

경험을 저장하고 공유하고 인출하고 성장시키는 데에는 소셜미디어가 좋은 수단이 됩니다. 경험거래소로서 소셜미디어는 인생의 낭비가 결코 아니에요. 저와 함께 일하는 어떤 마케터들은 '경험수집'을 하러 다닙니다. 평일에는 사람들을 만나고, 주말에는 좀 더 멀리 떠나기도 합니다. 소셜미디어에서 알게 된 새로 생긴 카페, 개성 있는 서점, 문구점, 강연, 페스티벌, 공연, 전시, 영화, 맛집, 책! 틈만 나면 사진을 찍더니 요즘엔 동영상으로 찍습니다. 혼자만 알지 않고 늘 블로그로 페이스북으로 인스타그램으로 중계하듯 보여줍니다. 대상에 대해서도 쓰지만, 대상을 보고 느끼는 자기 자신에 대해서도 씁니다. 쓰면서 정리하고, 읽으면서 얻습니다.

직접경험을 쌓지 못하면 소비자 인터뷰나 관찰, 소비자 조사결과를 읽는 등의 간접경험으로 만회할 수도 있는데, 사실 이런 간접경험자산은 막연하기도 할뿐더러 제대로 활용하기도 쉽지 않습니다. 없는 것보단 낫지만요.

사회 초년생 때 저는 브랜드 네이밍을 했습니다. 상상력이 풍부하고 소비자와 공감을 잘하면 더 좋았으련만, 평범한 20대 중반 남자가 가진 경험은 좁고 초라했어요. 특히 어려웠던 일은 부자를 위한 브랜드를 만드는 거였습니다. 2000년대 초반에 '보보스족'이란 단어가 유행했습니다. 보보스족을 대상으로 하는 브랜드도 많이 생겨났죠. 30~40대, 전문직에 종사하고, 보헤미안적 기질을 가진 자유로운 사람들… 보보스는 이렇다 저렇다 써놓은 글을 읽으며 간접경험을 쌓았지만, 글로만 접해본 소비자를 위해 브랜드를 만들어야 한다니, 정말 깜깜하고 막연했습니다. 다녀오지도 않은 곳의 여행기를 쓰는 느낌이랄까요.

여성 화장품 브랜드를 만들 때도 그랬습니다. 그때의 저는 얼굴에 로션조차 잘 안 바르던 사람이라 화장품 브랜드가 주는 의미에 공감하기 어려웠고, 누가 설명해준다 해도 '아, 그렇게 사는 사람들도 있구나' 하고 머리로만 막연히 이해할 뿐이었어요. 그들이 믿고 사랑해줄 브랜드를 만들기란 정말 어려운 일이더라고요.

잘 아는 소비자를 상대하는 게 더 쉽고, 훨씬 더 잘할 수 있습니다. 원래 똑똑해서 노력하지 않아도 공부 잘했던 사람은 좋은 교사가 되기 어렵습니다. 이 쉬운 걸 왜 모르는지 이해가 안 되니까요. 유능한 선수라고 다 유능한 코치가 될 수 없는 것도 마찬가지입니다. 돈 걱정 없이 소비생활을 해온 사람이 대중을 상대로 마케팅하기도 어려운 일입니다. '빵이 없으면 케이크를 드세요'라고 말했다는 어느 왕비님처럼 말이죠.

소비를 선택하는 경험 없이 살아온 사람도 마찬가지입니다. 같은 기능이면 무조건 가장 싼 것만 선택하는 사람은 취향이란 걸 가지기 어렵습니다. 같은 기능에 싼 걸 놔두고 더 비싼 걸 사는 심리를 마음으로 이해하지 못하면 '최저가'가 아닌 다른 물건을 팔기 어렵겠죠. 어딘가 푹 몰입해보지 않은 사람은 내가 맡은 브랜드에 누군가를 푹 몰입하게 만든다는 게 뭔지 상상하기 어렵습니다. 불가능한 건 아니지만 그건… 모태솔로가 쓰는 연애소설 같은 거예요. 많이 아파본 사람이 생생하게 아픈 글을 쓸 수 있습니다.

그러므로 마케터들이여, 많이 아픕시다.

경험하는 데 돈을 아끼지 맙시다. 돈 쓴 만큼, 아니 그보다 더 많이 느끼고 경험을 쌓읍시다. 마케터의 소비는 투자와 같습니다. 좋은 소비는 경험자산으로 남습니다. 경험자산은 일하는 데 밑천이 됩니다. 좋은 토양을 만드는 것과 같아요. 힘 있는 토양을 만들어놓으면 어떤 씨가 들어와도 튼튼한 싹을 틔워낼 수 있습니다.

그렇다고 맡은 분야를 다 좋아하거나 마니아가 될 수는 없지 않느냐고요?

깊은 경험만이 경험자산이 되는 건 아닙니다. 얇고 폭넓은 경험이란 항목도 있어요. 그런 면에서 취향과 경험은 조금 다른 맥락이에요. 마케터가 아이돌을 모른다는 건 자랑이 아닙니다. 좋아하지 않을 수는 있죠. 모르는 건 별개예요. 아이돌 음악이 취향이 아니라도 요새 유행한다는 곡들은 한 번씩 들어두고, 유튜브에서 방탄소년단 영상도 찾아보며 사람들이 왜 좋아하는지 공감해볼 필요가 있습니다. 블록버스터 액션영화가 취향이 아니더라도 소비자들이 많이 본 영화라면 같이 봐두고, 천만 관객이 본 영화도 다 봅니다. 인기 있다는 TV 프로그램을 다 섭렵하지는 못하더라도 한 회

정도는 두루두루 볼 수 있습니다. 그것마저 안 되면 짧은 클립이라도 보면 되죠.

할까 말까 할 땐 하고, 살까 말까 할 땐 사세요.

그 돈과 시간만큼의 자산을 남기면 됩니다.

최선을 다해 경험합시다.

사랑,
해보셨나요

　제 주변에는 어딘가에 푹 빠져 있는 사람들이 많습니다.

　김상민 마케터는 음악 페스티벌 마니아라서 매년 수십 개의 페스티벌에 갑니다. 요즘에는 달리기에 빠져서 한 달에 100km씩 달리고, 마라톤 대회에 참가하러 포틀랜드까지 갑니다. 최근에는 달리기를 소재로 글도 쓰고 있더라고요.

　김규림 마케터는 마음에 드는 문구류를 사느라 월급의 반을 쓴다고 합니다. 사실인지는 모르겠지만, 엄청 사는 건 분명합니다. 도쿄에도 자주 가는데 갈 때마다 문구류를 잔뜩 사와요. 네, 김규림 마케터는 배민문방구를 맡고 있습니다. 새로운 제품을 기획하고, 제휴처와 함께 콜라보 상품을 만들고, 유통시키고 판매합니다. 최근에는 그림 그리기에 심취해서, 직접 그린 그림을 티셔츠에 프린트해서 입고 휴대폰 케이스로 만들기도 합니다. 이 책 중간중간에 있는 그림도 김규림 마케터가 그렸습니다.

그런가 하면 래퍼 '넉살Nucksal'을 많이 좋아하는 마케터도 있습니다. 넉살 팬 인스타그램 계정을 만들어 운영하고, 넉살 얼굴을 그려서 스티커로 만들어 팬들에게 나눠주는 이벤트를 직접 기획하고 실행합니다. 많은 사람들이 넉살을 알고 좋아했으면 좋겠대요. 또 어떤 마케터는 노래를 만들고 부릅니다. 이번엔 소설을 쓰기로 결심했다고 해요. 서핑을 좋아해서 서핑하며 고프로로 동영상을 찍는 마케터도 있고, 유기묘 입양을 위한 펀딩 프로젝트를 하는 마케터도 있습니다.

몰입은 사람을 비이성적으로 만듭니다. 그리고 비이성적일 때

떠지는 눈이 있습니다. 가성비로만 움직이지 않는 마음이 있죠.

마케터가 어떤 브랜드에 애정을 가지면 그 '애정'이 특별하다는 걸 알게 됩니다. 브랜드는 개성이 있고, 개성은 비교를 어렵게 하거든요. 저절로 소비자의 마음이 되는 거죠. 그리고 자신이 담당하는 브랜드 또한 '누군가가 애정할 만한 존재'라는 걸 인식하게 됩니다.

사랑을 아낌없이 주어본 사람이 사랑을 받을 줄도 압니다. 몰입해본 사람이 몰입하게 만들 수 있어요. 놀아본 사람이 노는 판을 만들 수 있습니다. 만약 어떤 브랜드를 진심으로 좋아해본 적 없다면, 자신의 브랜드를 사람들이 진심으로 좋아하게 만들 수도 없다고 생각해요.

한 번은 그랜드민트 페스티벌에 스폰서로 참여한 적이 있었는데요. 마침 준비하는 마케터와 디자이너 모두 뮤직 페스티벌을 좋아하고 계절마다 다니는 사람들인 거예요. 아니, '마침'이 아니고, 그런 사람들로 모은 거겠죠. 뮤직 페스티벌에 어떤 사람들이 오는지, 가방에 뭘 싸오는지, 몇 시부터 와서 기다리는지, 기다리면서 뭘 하는지를 우리 스스로 너무 잘 알고 있었어요.

우리는 페스티벌에 오는 모든 사람들과 마찬가지로 누군가의 팬이었어요. 그래서 우리는 페스티벌에 나오는 가수들의 이름을 배달의민족 한나체로 써서 핀버튼을 만들었습니다. 좋아하는 가수의 이름을 옷에 달고 다닐 수 있도록 한 거죠. 가수 제이레빗을 좋아하는 사람은 제이레빗 핀버튼을 달고 싶을 거잖아요. 페스티벌에서만큼은 말이죠.

'저는 여태껏 어떤 일에도 몰입한 적 없는데, 어떻게 하죠?'라고 걱정하는 분이 있을 텐데요. 대단한 일을 찾아야만 몰입할 수 있는 건 아닙니다. 작고 사소한 것, 그런데 어쩐지 마음이 쓰이고 좋아하는 것들로 시작해보세요. 저절로 될 때까지 두지 말고, 일부러 좀 더 가본다는 느낌으로. 마음을 기울여서, 그 마음이 조금 쏟아지게 만들어보세요. 그렇게 시작합니다. 사소한 것에 일부러 좀 더 마음을 쏟아보세요. 나중에 '그게 시작이었다'고 추억하게 될지도 모릅니다.

성장가속도 > 0

저와 함께 일하고 있는 이승희 마케터는 대전 어느 병원의 마케터였습니다. 어느 날부터인가 제 소셜미디어의 타임라인에 보이기 시작하더라고요. 일을 자꾸 벌이기도 하고, 부지런히 여기저기 다니며 경험을 쌓아가는 모습이 적극적이고 에너지 넘쳐서 보기 좋았습니다. 이 사람이 지금 어떤 역량을 가지고 있든, 앞으로 훨씬 더 많은 것을 금방 배우고 빠르게 성장할 것 같았습니다. 그래서 함께 일하자고 제가 먼저 들이댔죠.

이승희 마케터는 흡수력이 좋습니다. 좋은 사람에게 좋은 영향을 아주 잘 받고 나쁜 사람에게도 나쁜 영향을 잘 받습니다. 다행히 주변에 긍정적이고 열심이고 진취적인 사람들이 가득합니다. 일하며 배우고 성장합니다. 같이 일하기 시작할 즈음에는 의욕 넘치는 신입사원에 가까웠는데, 지금은 팀에서 가장 일 잘하는 사람들 중 한 명이 되었습니다.

저도 대학생 시절이 있었고 신입사원이던 시절이 있었습니다. 동기들이 있었고, 먼저 들어온 선배들도 있었죠. 그중에도 똑똑하고 일 잘하는 사람이 있었어요. 잡을 수 없을 만큼 멀리멀리 있는 사람 같았어요. 너무 잘했으니까, 그 생각을 따라잡을 수 없었으니까. 10여 년이 흐른 지금, 그때 그 사람들은 각자 다른 곳에서 다른 일을 하고 있습니다. 전과는 전혀 다른 일로 멋지게 뻗어 나가는 사람도 있고, 그냥 평범해진 사람도 있습니다. 일의 종류도 다르고 성과도 다르고 권한과 책임의 정도도 다릅니다. 우리가 정말 한때 같은 강의실, 같은 사무실에 있었나 의아해질 만큼 말이죠.

지금 그 사람이 얼마나 잘하는지보다 더 중요한 건 어떤 속도와 방향으로 성장하는지입니다. 신입사원 채용할 때에도 실력이 얼마나 좋은지보다는 태도가 얼마나 좋은지를 보잖아요. 배우고 성장할 자세가 되어 있는지 말이죠. 스스로 똑똑하다고 생각하는 사람보다는 부족하다고 느끼는 사람이 더 잘 배우는 것 같아요. 물론 부족하다고 느끼기만 하면 안 되고, 그 부족함을 메우고 싶어 해야겠죠.

지금 당장은 조금 못해도 괜찮습니다. 기회는 얼마든지 있습니다. 지금의 차이는 작은 거예요. 성장의 크기는 신입 때의 실력 차이를 가볍게 무시할 정도로 크다고 생각합니다.

다행히 마케터에겐 세상 모두가 교과서이고 만나는 모두가 선생님입니다. 사소한 프로젝트를 남다르게 해내는 것도, 조금 힘에 부치는 프로젝트에 도전하는 것도 모두 자신을 성장하게 합니다.

결국 성장은 태도에 달려 있습니다. 처음에 주어진 틀 안에서 편안하게 머물러만 있으면 성장은 더딥니다. 관찰하고, 생각하고, 또 다르게 생각하고, 해보고, 배워나가고, 실패하고, 바꾸는 사람이 성장하죠. 호기심이 많은 사람, 흡수력이 좋은 사람, 나아지려는 욕구가 있는 사람, 생각하고 관찰하기 좋아하는 사람, 인정받고 싶어 하는 사람, 사랑받고 싶어 하는 사람과 함께 성큼성큼 계속 앞으로 나아가고 싶습니다.

일상에서 배운다,
일상관찰력

애플을 좋아하는 사람은 많지만 좋아하는 이유는 각자 다릅니다. 저는 애플의 관찰력을 사랑합니다. 이어폰 단자를 아이폰의 아래쪽에 위치시킨 것과, 앞으로 넣어도 뒤로 넣어도 상관없는 USB 단자를 만든 관찰력을 특히 사랑합니다.

오래전, 카세트 라디오나 오디오의 이어폰 단자는 앞면에 있었습니다. 이어폰을 꽂고 빼기 쉬우려면 기기의 앞면에 있는 게 좋으니까요. 위쪽도 편리하긴 하지만, 구멍 안으로 먼지가 쌓이는 문제가 있고요.

그 후 만들어진 워크맨, CD 플레이어, MD 플레이어 등은 이어폰 단자가 옆면 혹은 윗면에 있습니다. 두께 때문에 앞면에 두긴 곤란했고, 구멍이 작아져서 위쪽에 있어도 먼지 걱정이 줄었거든요. 오랜 동안 모바일 기기는 이어폰 단자가 위에 있는 게 왠지 직관적으로도 맞는 듯이 보였습니다. 아이팟iPod을 보기 전까지는요.

아이팟은 이어폰 단자가 아래에 있습니다. 처음 보았을 땐 좀 어색했죠. 하지만 이어폰을 꽂고 손에 들어보면 알 수 있습니다, 왜 아래쪽이 좋은지. 스크린이 있는 기기들은 스크린 앞으로 줄이 흘러내리면 보기 불편하잖아요. 이어폰 줄이 기기 밑으로 바로 떨어지는 게 훨씬 심플합니다.

저는 USB 단자를 꽂을 때 2분의 1 확률로 실패합니다. 제대로 꽂거나 반대로 꽂거나. 단번에 안 꽂히면 아주 작은 짜증이 나잖아요. 그게 싫어서 번개 모양의 방향 기호를 확인하기도 하지만 표시가 없는 경우도 많고, 번번이 구멍 모양을 앞뒤로 살피고 맞는지 갸웃거리는 것도 아주 작은 스트레스. 저만 그런 거 아니죠? 글을 읽는 여러분도, 그리고 USB를 사용하는 모든 지구인이 겪는 사소하고도 세계적인 문제입니다.

애플은 USB 단자 모양을 바꿔서 이 갸웃갸웃하는 시간을 없애버렸습니다. 윗면과 아랫면을 똑같이 만든 거죠. 어떤 방향으로 넣어도 상관없도록. 이걸 손에 잡고 있으면 마음까지 편해집니다. 자려고 누운 캄캄한 방 침대 위에서도 잘 꽂을 수 있어요. USB를 잘못 꽂아서 고쳐 넣는 시간이 하루에 1초씩이라고 쳐도, 인류의 시간을 다 합친다면 얼마나 많은 시간을 아껴주는 건지, 글 쓰는 지금도 타이핑을 잠시 멈추고 박수를 치게 됩니다. 짝짝짝.

USB를 잘못 꽂는 건 누구나 매일같이 겪는 일이지만, 그 불편함까지 관찰하는 사람은 얼마 되지 않습니다. 불편을 관찰한 사람들 중에서도 또 그걸 고쳐야겠다고 생각하고 실행하는 사람은 더 적습니다.

보는 일이 관찰이 되려면 질문이 하나 필요합니다.

저는 스스로 질문을 많이 합니다. '당기세요'라고 적혀 있는 문을 밀면서 스스로에게 '왜?'라고 묻고, 뜨거운 아메리카노를 받아와서 뚜껑을 열고 식히는 스스로를 보며 '왜?' 하고 물어봅니다.

'바로 마시기엔 너무 뜨거워서 뚜껑을 열고 식히는데, 그렇다면 좀 덜 뜨겁게 주면 더 좋지 않아? 나만 그런가? 너도 그래?' 하고 물어봅니다. 누군가는 이렇게 말해요. '아메리카노는 원래 에스프레소에 끓는 물을 타서 주는 거니까 뜨거울 수밖에.' 그럼 '원래? 왜?' 하고 스스로에게 물어봅니다. '원래'라는 건 지금까지 그래왔다는 것뿐이고, 앞으로도 그래야 한다는 건 아니지 않나. 델 듯 뜨겁게 나와야 하는 이유는 뭐지? 아메리카노를 받으면 모두들 뚜껑열고 식히는데, 나올 때부터 덜 뜨거우면 뚜껑 열고 기다리는 수고를 줄일 수 있는 거 아닐까. 제가 만약 카페를 연다면, 뜨거운 아메리카노는 두 종류로 하겠습니다. '지금 마실 아메리카노', '이따가 마실 아메리카노.' 고객이 '지금 마실 아메리카노'를 주문하면 끓듯이 뜨거운 아메리카노에 얼음 두 알 넣어드릴게요.

그렇습니다. 어떤 사람들은 그냥 지나치고, 어떤 사람들은 챙겨서 쌓아둡니다. 주어진 상황을 당연히 받아들이지 않고 '왜?'라고 묻고 '혹시 이런 거 아냐?' 하고 가설을 만들고 이야기해보기. '이러면 어때?' 하고 상상속에서 바꿔보기. 이런 상상들을 쌓아두면 필요할 때 꺼내 쓸 수 있을 거예요. 이것이 경험자산입니다.

'좋다!' 싶을 때 '왜지?'
'불편하다' 느낄 때 '왜?'
라고 물어보세요.

투자 대비
효과를 생각한다

'마케팅은 비용부서잖아요.'

'회사가 어려워지면 가장 먼저 마케팅 비용을 줄여야죠.'

이런 이야기, 처음 듣는 건 아니죠? 듣기 좋은 이야기는 아닐 겁니다. 그런데 왜 사람들이 이런 말을 하는지 생각해본 적 있나요?

여기서 질문 하나 할게요. 신규 서비스를 알리고 써보게 하는데 A는 100만 원을 썼고, B는 1000만 원을 썼습니다. 누가 더 잘했나요?

정답은, '이것만으로는 알 수 없다'입니다.

A가 100만 원을 써서 100만 원을 벌어왔다고 합니다. 아쉽죠. 기회비용도 있고 인건비도 있으니까요. 1000만 원 쓴 B는 2000만 원을 벌어왔다고 합니다. 1억 원 줬다면 2억 원 벌어왔을지도 모르겠어요.

물론, 여기까지 봐도 누가 잘했는지는 알 수 없습니다.

A는 첫 달에 100만 원을 벌더니, 두 번째 달에는 150만 원, 세 번째 달에는 200만 원을 벌었다고 합니다. 소문이 소문을 낳고 사용자가 사용자를 계속 데려옵니다. 1년 후에는 추가비용 없이 월 1000만 원을 번다고 합니다. B는 첫 달에 2000만 원 벌고 그걸로 땡! 자, 이젠 누가 더 잘한 건가요?

마케팅 비용의 많고 적음으로, 또는 즉시 효과의 크고 작음만 보고 돈을 잘 썼는지 아닌지 알 수는 없습니다. 마케팅을 비용으로 생각하면 많이 썼다 적게 썼다 따지게 됩니다. 많든 적든 어쨌든 쓴 거죠, 둘 다.

그러나 비용이 아니라 투자라 생각하면 이야기가 달라집니다. 잃었는지 벌었는지가 중요합니다. 적게 투자해서 많이 벌어오는 게 최선이지만, 많이 투자해서 많이 벌어도 괜찮은 투자입니다. 적게

라도 투자했는데 소득이 없으면 문제가 됩니다. 투자금도 큰데 소득이 없다면 더 큰 문제죠. 하나를 해도 소득이 있는 투자를 해야 합니다.

어떤 일은 효과가 천천히 돌아옵니다. 배달의민족은 2012년 12월부터 매달 하나의 잡지에 광고를 실어왔습니다. 잡지는 대개 전문 영역이 있잖아요. 요리, 자동차, 패션, 디자인… 그 잡지를 보는 사람들을 상상하며 그들이 '풋' 하고 웃거나 '아' 하고 공감할 만한 카피를 찾아내고, 배달의민족 한나체로 '툭' 씁니다.

한두 달 하고 끝냈다면 아무 일도 아니었을 텐데 (그랬다면 그냥 한두 달 광고비가 소득 없이 손실로 남았겠죠) 이걸 5년 이상 계속하니까 이야기가 되었습니다. 5년 동안 게재한 배달의민족 잡지광고 50여 개를 모아서 사람들이 돌려봐요. 별 웃기는 일도 다 있다 하고 보기 시작했다가, 다 보고 나면 배달의민족에 대한 어떤 인상을 갖게 됩니다. 이런 비용은 당장 수익을 낳지는 않지만 오랜 시간을 두고 꾸준히 돌아오고, 그 효과는 매년 쌓여서 커져갑니다.

마케터는 투자 대비 소득에 예민해야 합니다. 마케터 스스로 자신을 돈 쓰는 사람으로 생각한다면 회사에 계속 다니면 안 됩니다. 마케터가 없으면 마케팅비뿐 아니라 인건비도 안 들잖아요. 회사가 마케터를 두는 이유는 돈을 벌기 위해서입니다. 자사의 상품을 소비자에게 어필해서 써보게 하고 사게 하기 위해서죠. 마케팅에 돈을 쓰면 더 큰 돈을 벌 수 있다는 계산이 있어야 회사가 마케터를 두는 의미가 있는 겁니다.

그러므로 마케터는 결국 당연하게도 회사가 돈 버는 데 기여하는 일을 해야 합니다. 내가 한 일이 얼마만 한 효과를 가져올지 늘 생각하고, 그 결과를 상상하면서 일하면 마케터의 존재가치가 뭔지 스스로 답을 내릴 수 있을 겁니다. 물론 당장 계산이 되지 않아 어려울 수도 있습니다. 오랜 시간에 걸쳐 효과가 돌아오는 일들도 있고요. 마케팅은 비용-부서라는 누명, 안일하게 일하는 마케터 때문에 생기는 것일 수도 있어요. 마케터들은 쉽게 돈 쓴다는 누명을 벗어봅시다.

팔지 말자,
사게 하자

파는 일과 사게 하는 일은 같은 걸까요, 다른 걸까요?

파는 일이라고 생각하면 내 상품에 집중하게 되지만, 사게 하는 일이라고 생각하면 소비자의 상황에 집중하게 됩니다. 예를 들면 이렇습니다.

파는 사람의 생각 :

반찬을 팔자. 이번에 새로운 반찬 상품을 계약했으니, 이벤트를 만들고 배너를 걸고 제휴를 하고. 또 어디에 광고를 하면 효율이 좋을까?

사게 하는 사람의 생각 :

반찬을 누가 사지? 그 사람들 어디 있어? 왜 사지? 더 사게 하려면 어떻게 하면 될까? 안 사는 사람들은 왜 안 사지? 그 문제를 해결해주면 살까?

파는 사람은 팔고 싶은 마음에서 출발합니다. 사람들이 사지 않고 그냥 지나가면 이 좋은 걸 왜 안 사는지 이해가 안 될 겁니다. 사게 하는 사람은 사는 사람의 마음에서 출발합니다. '왜' 사고 '왜' 사지 않는지 상상합니다. 어떤 마음을 만족시켜서 행복하게 할 수 있는지 생각합니다.

아이패드 광고는 화면 크기와 해상도를 자랑하는 대신, 그것으로 우리가 할 수 있는 일들을 보여줍니다. 펜으로 그림을 그리고, 밤하늘의 별자리를 보고, 피아노를 치죠. 이케아 매장에 가면 이케아 상품들로 구성한 거실, 실제 사람이 살 것 같은 방, 실제 집에 있을 것 같은 주방을 볼 수 있습니다. '이런 집에 살았으면 좋겠다'는 꿈을 꾸게 만들죠. 집을 꾸민 상품 전체를 갖고 싶게 합니다.

사게 하는 사람이 더 잘 팔 수 있습니다.
사게 하는 사람의 질문을 익혀둡시다.

누가 사지?

그 사람들 어디 있어?

왜 사지?

더 사게 하려면 어떻게 하면 될까?

안 사는 사람들은 왜 안 사지?

그 문제를 해결해 주면 살까?

마케터의
말

말은 힘이 셉니다.

생각에서 말이 나왔지만, 말은 다시 그 말을 하는 사람의 생각
에 영향을 미칩니다. 한국어처럼 존댓말과 반말을 구분해서 쓰는
사람들은 자연스레 위계질서를 받아들이게 됩니다. 일본어처럼 여
자가 쓰는 단어와 남자가 쓰는 단어가 구별돼 있으면 자연스레 여
자다운 것과 남자다운 것이 따로 있다고 여기게 됩니다.

말은 사람들 사이에서 계속 변합니다.

사람들은 자기 생각이나 느낌을 강조하기 위해 새로운 표현을
만들어냅니다. 고기가 '좋다'는 걸 고기는 '옳다'고 표현하는 사람

들도 있죠. 그런데, 고기가 '옳다'면 고기 말고 다른 건 '그른' 걸까요? 물론 그런 의도로 한 말이 아니라는 것은 알고 있습니다. 하지만 의도가 없어도 영향을 미칠 수 있습니다. 고의가 아니더라도, 자기도 모르게. 앞서 이야기한 존댓말/반말, 남자단어/여자단어처럼 말이죠.

마케터의 말은 특별한 면에서 힘이 더 셉니다.

마케터는 많은 경우 프로젝트 매니저로 일을 주도하기 때문에, 함께 일하는 동료들의 단어에 영향을 미칩니다. 또, 말은 공중으로 흩어지지만 광고물로 만들어지고 매체를 타면 영향력이 월등히 커집니다. 잘못 쓰는 단어의 영향력도 당연히 더 커지죠. 서벗 제품인 '설레임' 때문에 맞춤법을 헷갈리는 사람이 그렇게 많다잖아요. (웃음)

설렘이라고요?
설레임 아니었어요?

마케터의 생각이 중요합니다.

말은 생각에서 나오니까요. 광고 안에서 여자가 음식을 만들고, 남자는 기쁘게 먹는 장면이 있을 수 있습니다. 물론 여자가 집안일을 해야 한다는 메시지를 의도적으로 심은 건 아니겠죠. 하지만 나쁜 의도 없이도 나쁜 영향력을 만들어낼 수 있습니다. 성역할의 평등이나 소수자 그룹을 존중하는 것 또한 마케터라면 놓치지 않았으면 좋겠습니다.

그래서 마케터라면 말 한마디, 단어 하나도 잘 생각하고 까다롭게 골라 쓰면 좋겠습니다. 마케터의 말이 세상을 조금은 변화시키니까요.

마지막으로, 중요한데 자주 틀리는 말들을 골라봤습니다. '싫다', '틀리다', '다르다'예요. 비슷해 보이지만 '싫은 것'과 '틀린 것'과 '다른 것' 세 가지는 모두 다릅니다.

싫다 ↔ 좋다

틀리다 ↔ 맞다

다르다 ↔ 같다

우리는 우리와 다른 것을 싫어하고, 싫어하는 것을 틀렸다고 쉽게 생각해버립니다. 그래서 '싫다-틀리다-다르다'는 종종 한 덩어리로 묶입니다. 인간은 싫어하는 것에 관대하지 않습니다. '싫다'는 감정은 직관적으로 느껴지는 데다, 싫어하는 사람(혹은 현상)의 입장 따위를 상상해줄 여유도 없거든요. 굳이 이해하고 싶지 않죠. 그래서 '싫은 것'은 쉽게 '이해 안 되는 것'이 됩니다.

'이해가 안 돼', '이해를 못하겠어'라는 표현이 있습니다. 실제로는 대개 '싫다'는 뜻이죠. '난 줄 서서 먹는 사람들 이해가 안 돼'를 번역하면 '난 줄까지 서면서 기다려서 먹기는 싫어'가 됩니다. 그렇죠?

그런데 사실은 이 두 말이 똑같지 않아요. 차이가 있습니다. '이해가 안 돼'라고 말하고 나면 줄 서서 먹는 사람들은 이상한 사람이 되고, 그들의 마음을 더 이상 상상하지 않게 돼요. 그렇잖아요. 이상한 사람들을 뭐 하러 상상하고 이해하겠어요. 나까지 이상해지게.

'싫은 것'과 '이해 안 되는 것'을 구분하지 않으면, 어느새 우리는 좋아하는 것만 이해하는 사람이 됩니다. 싫은 것은 이해할 수 없게 되죠. 좋아하는 것만 이해하며 살아도 괜찮겠지만, 마케터인데 '이해할 수 없는' 것/사람들이 많으면 좀 아쉽지 않나요?

'이해가 안 돼'라는 말이 '이해력'을 망칩니다. 소비자의 마음을 상상하고 공감하는 일이 직업인 마케터에게는 나쁜 표현입니다.

생각을 제한하는 말들은 이것 말고도 더 있습니다. '원래 그렇다'는 표현은 더 나은 방법을 찾아 개선하려는 의지를 꺾고, '당연하다'는 표현은 이야기의 진행을 막습니다.

'원래 그렇다'는 '지금까지는 그래왔다'로,

'당연하다'는 '다른 대안은 생각해보지 못했다'로

바꿔 쓰는 게 좋습니다.

누가 뭐라고 하지 않아도,

나 스스로 좋은 영향력을 펼치기 위해.

좋아하는
브랜드가 있나요?

사랑하는 사람을 생각해보세요. 아니면 좋아하는 사람. 그 사람을 언제부터 좋아하게 됐나요? 사랑에 빠지게 된 결정적인 한 장면이 있나요?

브랜드는 종종 사람에 비유되기도 하죠. 사람처럼 성격도 있고, 신뢰도 있고, 호감도 있고, 함께 나눈 추억도 있으니까요. 또는 어떤 날의 특별한 경험 이후로 나와 특별한 사이가 되기도 합니다. 저는 스타벅스에 좀 특별한 마음을 갖고 있어요.

스타벅스와 나

2012년, 사이클 대회에 참가했을 때의 일입니다. 도쿄 시내를

자전거를 타고 한 바퀴 도는 대회였어요. 마침 날씨도 참 좋았습니다. 모처럼의 기회라고 들떠 있는 사람들과 함께, 깜빡깜빡 점멸하는 신호등을 보며 신나게 페달을 밟아 도쿄의 도로를 달렸습니다.

도착지가 얼마 남지 않았을 때쯤, 지치고 목도 말라오던 참에 보급소가 나타났습니다. 스타벅스 앞에 초록색 앞치마를 두른 10명쯤 되는 응원단이 나와 있었어요. 명랑한 목소리와 환한 미소로 인사를 건네며 스타벅스 주스와 빵을 나눠주었습니다. "고생 많으십니다, 힘드시죠? 이거 드시면서 잠시 쉬었다 가세요."

그때 저는 놀라운 모습을 보았는데요, 응원하는 사람들과 응원받는 사람들의 눈빛이었습니다. 응원을 주는 사람도 받는 사람도 서로 고마워하며 서로를 보고 행복해하고 있는 거예요. 응원받는 사람이 힘이 나고 기분이 좋아지고 행복해지는 건 당연하지만, 자신의 응원에 힘내는 사람들을 보고 응원단이 다시 힘을 얻더라고요. 보람과 뿌듯함에 가득 차서, 응원하는 목소리에 진심으로 힘을 담아주는 거예요. 그 응원을 받은 사람들이 다시 감동하고, 그 모습에 또 감동하고, 감동이 감동을 낳는 감동의 선순환!

  사실 스타벅스가 한 일은 대회에 후원을 결정하고, 응원단을
내보낸 것 정도예요. 심지어 저와 마음을 나눈 사람들은 그날 하
루만 일하는 아르바이트였을지도 모르죠. 하지만 응원단의 진심
덕분에 스타벅스는 그날부터 저에게 특별한 브랜드가 되었습니
다. 초록색 로고만 봐도 그날의 한 장면이 생각나 너무 기분이 좋
거든요.

  누군가에게 반하는 것도 한 장면이듯이, 브랜드에 대한 호감도
이렇게 한 장면에서 시작되는 것 같습니다. 고객과의 모든 접점은
사소합니다. 사적이고 사소한 접점에서 결정적인 장면, 기억하고
싶은 한 장면이 생겨납니다.

나이키와 나

저는 또한 나이키 팬입니다. 스포츠 의류나 용품, 운동화 등은 나이키만 삽니다. 다른 스포츠 브랜드 매장에는 들어가지도 않아요. 물론 다른 브랜드 제품도 멋지고 좋다는 걸 알지만, 마치 경쟁사 매장에 들어가는 것 같아 망설여집니다. 이상하죠.

제가 나이키를 좋아하는 이유는 나이키 덕분에 제 인생이 크게 바뀌었기 때문입니다. 나이키를 만나기 전에는 체육 무능력자였던 제가 지금은 1년에 1000km를 뛰고, 42.195km 풀코스 마라톤에 도전하는 마라토너가 되었습니다. 때때로 트레일 러닝도 합니다. 요새는 철인3종을 완주하기 위해 수영을 배우고 있습니다. 제가 몸을 움직이고 땀을 흘리며 즐거워하게 될 줄이야, 예전엔 정말 몰랐어요.

저와 나이키와의 관계는 2008년에 시작되었어요. 애플과 나이키가 함께 러닝 측정 서비스인 나이키플러스Nikeplus를 만들었는데요. 애플 아이팟에 전용 수신기를 꽂고 나이키 러닝화에 송신기를 장착하고 달리면 내 움직임을 인식해서 얼마나 먼 거리를 얼마나 빨리 달렸는지 측정하고 아이팟 앱에 기록을 쌓아주는 서비스

였습니다.

그때까지만 해도 달리기는커녕 땀나는 어떤 활동도 하지 않았는데, 일하면서 마케팅 콜라보레이션 사례를 조사하다가 알게 된 거였어요. 머리로만 알고 있으면 심심하니까, 마케터의 호기심에 사봤습니다. 샀으니 한번 뛰어나 볼까? 하지만 한 번 뛰고 다음 날 몸살이 왔어요. 체육 무능력자가 무리한 거죠. 그러고는 후유증으로 1년을 못 뛰었습니다. 안 뛴 거죠. 그러다 다음 해 봄, 한 번밖에 안 신은 러닝화가 눈에 걸려서, 아까워서 한 번 더 달렸어요. 두 번 달리니까 평균속도가 나오고, 세 번 달리니까 평균속도가 올라가더라고요. 달리기 기록 그래프가 만들어지는 재미에 신나서 네 번째, 다섯 번째 달리다 보니 어느새 달리기를 즐기게 되었습니다.

그뿐 아니라 나이키는 마케터인 저에게 언제나 영감을 줍니다. 10년 전의 나이키플러스 캠페인부터 늘 공부가 되고 있어요. 많은 사람들이 나이키플러스를 체험하고 가치를 알 수 있도록 하기 위해 나이키는 '휴먼레이스'라는 대회를 열었습니다. 저는 그 대회가 너무 멋져 보였어요. 전 세계의 러너들이 각자의 도시에서 같은 날 같은 시간, '휴먼레이스'라는 같은 대회를 달리는 거예요. 나이키플러스가 참가자들을 이어주는 거죠. 마치 MMORPG 게임하

듯, 각자의 방에서 같은 서버에 접속해서 동시에 게임을 즐기는 것처럼요.

몇 년 후, 다른 브랜드들도 다들 달리기 대회를 만들어 따라올 때, 나이키는 러닝세션인 NRC Nikeplus Run Club를 만들어 앞서갑니다. 매주 같은 요일에 고객이자 러너들이 정해진 나이키 매장에 모이고, 나이키는 그들 각자의 역량에 맞게 그룹을 나누어 러닝을 리드합니다. 러닝이 1년에 한 번 있는 특별한 이벤트가 아니라 매주의 일상이 되게 한 거죠.

또 하나 진짜 잘한다고 생각한 건 그들의 모습을 사진으로 찍어주는 거였어요. 나이키는 NRC에 참가하는 사람들의 달리는 모습을 멋진 사진으로 남겨주고, 당사자는 그 사진을 받아서 자발적으로 '내가 이렇게 달리기하는 멋진 사람이다' 하며 인스타에 #nike #nrc를 태깅해서 열심히 올리는 거죠.

2017년 나이키는 브레이킹2 Breaking2 이벤트를 열었습니다. 그때까지 인간의 마라톤 최고 기록은 2시간 2분 57초였습니다. 신체

BREAKING2

조건이 좋아지고 훈련법이 발전하고 장비가 개선되면서 기록도 점점 빨라지고 있죠. 하지만 2시간의 벽은 아직 높습니다. 나이키는 2시간의 벽이 깨질 때를 앉아서 기다리지 않고, 직접 나서서 부숴버리기로 합니다. 그리하여 시작된 브레이킹2 프로젝트.

나이키는 세계적인 마라톤 선수 3명을 뽑아서, 각자에게 가장 잘 맞는 장비와 음료를 개발해서 제공하고, 적합한 훈련을 시켰습니다. 지구상에서 가장 달리기 좋은 코스를 고르고 골라 이탈리아 몬차Monza에 있는 자동차 레이싱 경기장을 빌렸습니다. 선수들이 달리며 바람의 저항을 줄이는 것까지 고려했대요. 선수, 장비, 영양, 장소, 시간, 코치 등 각 분야 최고의 스태프가 모여 인류가 42.195km 2시간의 벽을 깨는 도전에 함께했습니다.

선수들은 캄캄한 새벽에 달리기를 시작했고, 사람들은 생중계로 도전을 지켜보며 응원했습니다. 물론 저도 함께했어요. 2시간의 벽을 깨부수기를 기대했죠. 하지만 결과는 2시간 00분 25초. 비록 2시간의 벽을 깨는 데 실패했지만 브레이킹2는 수많은 러너들의 가슴을 뛰게 한 멋진 도전이었습니다.

마케터라서 더 좋았던 것은, 이 이벤트가 멋지기만 한 도전으로

끝나지 않고 제품 판매로 직접 연결되었다는 것이었어요. 당시 선수들이 신었던 신발에 적용된 기술로 만든 양산형 모델이 그다음 달부터 출시되어 팔렸습니다. '마라톤 2시간의 벽을 깬 신발!'이라는 타이틀을 쓸 수 있었다면 더 좋았겠지만, '브레이킹2'라는 이름으로도 충분했습니다.

가까운 미래에 인류는 마라톤 2시간의 벽을 깰 거라고 저는 믿습니다. 나이키 러닝화를 신고!

마케터의 기본기

- 무슨 일을 해도 잘할 수 있는, 기본이 잘된 사람이 마케팅도 잘한다. 무엇을 했는지보다 어떻게 했는지가 중요하다.

- 일상에서 관찰하고, 이 경험을 잘 쌓아두자. 소비할 때의 나 자신을 관찰하면 가장 가까이서 잘 볼 수 있다. 경험자산을 쌓고 나누고 늘리면 필요할 때 찾아 쓸 수 있다.

- 사람은 가성비로만 움직이지 않는다는 걸 진심으로 아는 것이 브랜딩의 시작이다. 좋아 미치는 브랜드 몇 개를 품고 살자.

- 성장은 태도에 달려 있다. 호기심이 많은 사람, 흡수력이 좋은 사람, 나아지려는 욕구가 있는 사람, 생각하고 관찰하기를 좋아하는 사람, 인정받고 싶어 하는 사람, 사랑받고 싶어 하는 사람이 성장한다.

- 사는 사람 입장에서 생각하면 더 잘 보인다. 왜 사는지, 안 사면 왜 안 사는지 스스로를 충분히 관찰해야 한다.

- '이해가 안 돼'라는 말은 이해력을 떨어뜨린다. 마케터의 말은 영향력이 크므로 중요한 말들은 바르게 써야 한다.

- 그래서 장기로든 단기로든 회사의 목표달성에 기여해야 한다.

2장

마케터의
기획력

누구에게
팔까

'마케팅, 어디서부터 시작하지?'

아마 이 책을 읽고 있는 모두의 고민이겠죠. 잘 안 풀릴 때 저는 고객에서부터 출발해봅니다. 누가 좋아할지, 누가 살지.

우리 상품의 특징이 있을 거잖아요. 좋은 점, 특이한 점도 있고, 약점도 있을 겁니다. 엄청 예쁜 컵인데 좀 비싸, 진짜 맛있는 과일인데 봄에만 잠깐 나와, 재미있는 영화인데 자랑할 만한 유명 배우가 없어, 이런 거 말이죠. 팔아야 할 상품의 핵심역량을 파악하고, 가장 열광할 한 사람을 생각해봅니다.

한 사람입니다. 한 사람에게 팔 수 없다면 많은 사람에게도 팔 수 없습니다. 한 명을 깊이 감동시킬 수 있다면 이 작은 성공을 복제할 수 있습니다. 그 한 명과 비슷한 사람이 또 있을 테니까요. 그들이 누구인지 묘사해봅니다. 어떤 공통점이 있는 사람인지, 어디에 있는지.

이렇게 고객을 좁혀 보는 것을 '타기팅'이라고 하죠. 사실 저는 이 단어는 잘 쓰지 않습니다. 대신 '핵심고객'이라고 해요. 내가 시간이 없고 돈이 없어서 하루에 딱 3명의 고객만 만날 수 있다고 할 때 찾아가 만나서 팔고 싶은 사람. 우리 상품을 알기만 하면 기뻐 소리 지르며 사고 쓰고 감동하고 추천하고 소문 낼 사람. 그 사람이 핵심고객입니다.

마케팅을 고민하는 스타트업의 대표님이나 마케터를 만나 이야기할 기회가 가끔씩 생기는데요, 자사 상품의 핵심고객이 누구냐고 질문하면 이렇게 대답하십니다. "메인타깃은 20~30대 여성이고, 서브타깃은 20대 남성이에요." 대개는 여기에서 끝납니다. 나이와 성별로 사람을 10가지로 구분하고(10대/20대/30대/40대/50대 이상×남자/여자) 그중 하나 이상을 고르는 객관식 타기팅이죠. 하지만 이 '나이×성별' 구분만으로는 충분하지 않습니다.

나이와 성별 없이 핵심고객을 표현해보자

유아 혹은 초중고생 대상이거나 여성용품이 아니라면 많은 경우 '나이×성별' 구분은 결정적인 공통점이 되지 못합니다. 이제는 나이로 그 사람의 관심사나 소비 패턴을 알 수 없거든요.

저희 어머니는 스물네 살에 결혼하셨습니다. 20대 후반에 저와 동생을 낳으셨고 40대 후반엔 자식들을 대학에 보냈습니다. 부모님 세대는 자식들이 학업을 마치고 취직해서 제 몫의 월급을 벌기 시작하면 곧 환갑이 됐습니다. 직장에서는 은퇴를 했죠. 부모님 세대만 해도 생활 패턴이 나이를 따라가기 때문에, 모르는 어떤 사람을 파악할 때 나이를 알면 편했습니다.

우리가 사는 시대로 돌아와 봅시다. 서른 즈음에 결혼하는 사람들이 많긴 하지만 '결혼적령기'라는 단어는 왠지 입에 올리기 좀 그렇죠. '노총각', '노처녀'라는 단어도 옛날 단어로 사라져가고 있습니다. 20대 결혼도 많고 40대 미혼도 많습니다. 미혼 아니라 비혼도 있죠. 결혼만큼 이혼도 많습니다. 세 커플이 결혼하는 동안 한 커플은 이혼한다고 하니까요. 30대 혹은 40대라고 '결혼했을 거야'라고 속단할 수 없다는 거예요.

결혼했다고 다 자녀가 있느냐 하면 그렇지도 않아요. 자녀 없이 둘만 지내는 부부도 흔합니다. 이제는 나이로 혹은 결혼 여부로 그 사람의 생활 패턴을 알 수도 없고 당연히 관심사도 알 수 없는 시대입니다.

얼마 전에 어떤 쇼핑몰에 들어갔더니 어이없는 추천목록이 나오더라고요. '40대 남성고객을 위한 추천'이라면서(네, 제가 40대이고 남자입니다) 전기면도기(저 면도 안 하거든요), 등산복 바지(절대 안 입고 싶은 디자인의 옷) 같은 걸 보여주는 거예요. 그 쇼핑몰에 대한 신뢰가 확 떨어지는 게, 차라리 아무것도 안 하느니만 못하다 싶더라고요.

라이프스타일로 정리해보자

예를 들면, 이런 구분을 해봅시다. 회사원인가 전문직인가 학생인가 자영업인가. 결혼은 했나 안 했나. 자녀가 있나 없나. 소득수준은 어느 정도인가. 아이폰인가 안드로이드인가. 페이스북, 인스타그램, 유튜브는 얼마나 쓰나. 외향성인가 내향성인가. 사람 만나는 것을 좋아하나. 활동적인가 정적인가. 환경문제 혹은 젠더문제에 관심이 있나. 채식주의자인가. 고양이나 개를 키우는가. 트렌디한가. 노는 걸 좋아하나 쉬는 걸 좋아하나.

팔고 싶은 상품이 무엇인지에 따라 쓸모없는 질문도 있고, 여기 없는 것 중에도 다양한 질문이 더 나올 수 있을 겁니다. 나이와 성별은 최후까지 미뤄뒀다가 물어봐도 됩니다.

타깃을 좁게 잡는 건 두렵죠. 파는 사람은 보통의 많은 사람들에게 팔고 싶다고 생각합니다. 하지만 '보통사람'이란 건 없어요. 환상 속의 존재인지도 모릅니다. 통계를 보고 있으면 '보통사람이란 이런 사람이다'라고 정의할 수 있을 것 같지만 그 '보통'은 보통이 아니라 '평균'일 뿐입니다. 어린이들과 노인들만 있는 마을 사람들의 나이를 평균 내보면 청장년으로 나올 거잖아요.

'평균'으로 '보통'을 대신할 수는 없습니다. 우리는 모두 달라요. 평균은 낼 수 있지만 보통이란 건 없습니다. 우리는 누구나 변방에 있는 셈이에요. '정상인'이라는 말도 이상하긴 마찬가지고요.

우리 모두를 각각 다른 개인으로 생각할 수 있어야 비로소 소비자의 얼굴이 보이기 시작합니다. 이 점을 잊어서는 안 됩니다. 그들은 사람입니다. 아무도 평범하지 않습니다. 숫자 뒤에 진짜 사람이 있습니다.

좁게 시작하자는 건 적게 팔자는 게 아닙니다. 힘 있게 시작할 수 있는 시작점을 정하자는 것입니다. 볼링 아시죠? 볼링을 할 때 1번 핀과 3번 핀 사이를 때려야 스트라이크가 나는 것과 비슷합니다. 시작점을 좁게 잡아야 넓어집니다.

잘 모르겠으면
일단 팔아보자

잘 모르겠으면 일단 한 번 팔아보는 것도 좋은 방법입니다. 누가 사는지 보는 거예요. 관찰하기 위함입니다. 우리 상품을 사고 이용하는 사람들 사이에서 공통점을 찾아야 합니다.

두 사람 이상이 되면 반드시 그사이에 공통점이 있을 텐데요, 수많은 공통점 중에 의미 있는 조건을 골라내야 합니다. 골라내는 건 마케터의 주관이니, 뭘 골라내는지가 중요하겠죠.

가장 쉬운 건 나이와 성별로 공통점을 찾는 겁니다. 고객을 봤더니 남자가 45%, 여자가 55%였다면 우리의 주요 고객은 여자라고 생각해도 될까요? 각자 판단이지만 저라면 중요한 요소가 아니라고 생각할 것 같습니다. 차이가 있는 건 맞지만, 이것보다 더 큰 차이를 만드는 조건이 있을 것 같거든요.

나이나 지역별 고객 수를 볼 때는 연령별 인구분포, 지역별 인구분포를 함께 보면 좋습니다. 대한민국 30대 인구는 20대의 1.2배 정도입니다. 지역별로는 서울+인천+경기도에 전체 인구의 절반이 살고 있습니다. 만약 서비스 이용자 중 20대보다 30대가 20%쯤 더 많다고 해도 '우리 서비스 이용자는 30대가 더 많지만, 30대라고 특별히 더 좋아하는 건 아니구나'라고 생각하는 게 좋을 것 같아요.

우리 상품을 사용하는 고객들에게 직접 물어보는 것도 좋습니다. 고객이 많지 않은 초기 사업에도 유용하게 쓸 수 있는 방법이에요. 어떻게 알게 됐는지, 왜 사는지, 혹은 왜 안 사는지. 의외로 우리가 상상하는 것과 다른 대답이 나올 수 있습니다. 직관에 도움이 될 겁니다. 틈나는 대로 많이 물어보세요.

누가 왜 사는지 알았다면 이제 그를 만나러 가봅니다. 그는 우리 상품 말고 또 어떤 상품을 쓰고 있나요? 어떤 방송 프로그램을 보나요? 언제 무얼 타고 어떻게 움직이나요? 움직이는 동안 무엇을 보나요? 누구의 영향을 받나요? 그의 관심사에 스며들어 봅시다. 지나가는 길에 그가 좋아할 모습으로 서 있어봅시다. 길을 가로막지 않아도 됩니다. 매력적인 모습으로 서 있으면 돼요. 어떻게 서 있느냐고요? 다시 그의 관심사에서 출발합니다. 무엇을 좋아하고, 무엇을 쓰는지.

좋은 방법은
'왜'에 충실하다

책을 읽고 있는데 옆에서 '물 좀 주세요' 하는 목소리가 들립니다. 어떻게 하시겠어요?

사실 물 달라는 말만 들어서는 어떻게 해야 할지 알기 어렵습니다. 생수인가 수돗물인가 따뜻한 물인가 찬물인가, 많이 줘야 하나 조금 줘도 되나, 급한가 천천히 줘도 되나, 모르죠. 그 물로 상대방이 무슨 문제를 해결하려고 하는지 정확히 알 수 없기 때문입니다.

얼른 상상해볼 수 있는 상황은 다음과 같습니다.

- 목이 말라서 갈증을 해결한다
- 라면을 끓인다
- 불을 끈다
- 샤워를 한다
- 화분에 물을 준다
- 다림질을 한다
- 청소/세차를 한다
- 물감을 푼다

 말한 사람이 누구이고, 어떤 상황에 있는지 살펴본 다음 어떤 용도인지 넘겨짚어서 그에 맞는 물을 건네줄 수 있습니다. 어디에 쓰려는지 물어보면 가장 좋고요.

 어떤 경우엔 물을 주지 않고도 해결할 수 있습니다. 갈증 해소가 필요한 사람에게 이온음료를 줄 수도 있고, 불을 끄려고 한다면 소화기를 줄 수도 있습니다. 물을 달라는 사람에게 물을 안 줬는데 문제는 더 잘 해결됩니다. 만약 뜨거운 기름에 난 불이라면 물을 뿌리면 큰일 나죠. 기름이 튀어서 불이 더 크게 번지니까요. 물이 아니라 소화기나 모포 등 다른 걸 줘야 재앙을 막고 문제를 해결할 수 있습니다.

물이 있어도 마실 수 없어 계속 목마르다면, 물이 있어도 불을 끌 수 없다면, 그 물은 아무 소용이 없습니다.

왜 필요한지 모르면, 불 끄려고 한시가 급한 사람을 위해 정성스럽게 얼음 잔에 생수를 받고 있을 수도 있고, 목마른 사람을 위해 따뜻하게 데운 목욕물을 준비할 수도 있습니다. '왜'를 모르고 시작하면 아무리 성의 있게 준비해도 문제는 해결되지 않습니다.

우리는 수단(물)이 아니라 문제해결을 원합니다.

앞의 물 사례에서는 상황을 보고 판단해서 알맞은 방법을 제시할 수 있지만, 회사에서 일할 때에는 그렇지 않은 경우가 종종 있습니다. 재미는 있지만 목표달성을 돕지 못하는 카피, 보기엔 멋지지만 목표달성을 돕지 못하는 일러스트, 아무것도 안 하면 불안하니까 그냥 하는 이벤트가 있죠. 일하는 사람도, 하자고 하는 사람도 목표를 모르고 그냥 했다가, '우리 목표는 이거였어' 하고 나중에 목표를 갖다 붙이는 경우도 있습니다.

마케터로 일하다 보면 실제로 왜 하는지 모르는 일을 요청받을 때가 가끔 있습니다. '이벤트 만들어주세요', '배너 만들어주세요',

'포스터 만들어주세요' 같은 것. 당황스럽죠. 어디서부터 어떻게 대답해줘야 할지 늘 어렵습니다. 다짜고짜 '물 주세요' 하는 것과 같잖아요. 그럴 땐 '왜 하는 거예요?', '뭘 얻고 싶은가요?' 질문하면서 의뢰자도 잘 모르는, 의뢰자가 답답해하는 점을 찾아갑니다. 왜 이런 요청을 하는지 이유를 파악하고, 그 '왜'를 해결할 수 있는 더 좋은 방법을 제안합니다.

일 잘하는 사람들은 '왜'를 먼저 확인합니다. 어떤 '목표'를 달성하고 싶은지 분명히 합니다. '왜'와 '목표'는 이어져 있습니다. '왜'를 찾고 '목표'를 알고 공감하고 공유해야 합니다. 함께 일하는 모

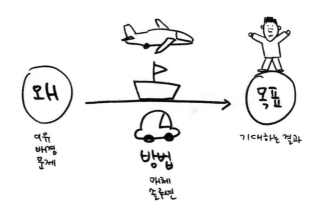

두가 '왜' 하는지 공감하고 일할 때 비로소 '목표'를 달성할 수 있습니다.

이처럼, 좋은 방법은 '왜'에 충실합니다. 이유가 뭐고 문제가 뭔지 알아야 제대로 풀 수 있습니다. 망치를 손에 쥐고 있으면 못으로 해결하고 싶어집니다. 본드로 붙이면 더 깔끔하고 튼튼할 것도 말이죠. 수단을 먼저 정해버려서 아쉬운 결과를 내는 일이 없도록 합시다.

이중인격자가
되자

우리는 우리가 맡은 브랜드를 사랑합니다. 우리에게 우리 브랜드는 특별합니다. 우리 제품/서비스가 업그레이드됐다는 건, 그래서 경쟁 브랜드보다 좋아졌다는 건 당연히 우리에게 매우 기쁘고 의미 있는 일입니다. 그런데… 소비자에게도 그럴까요?

그 제품/서비스를 위해 일하고 하루 종일 그것만 생각하는 우리에겐 일상의 상당 부분을 차지하는 매우 중요한 일이지만, 대부분의 소비자에게 우리 제품/서비스는 그렇게 대단한 게 아닙니다. 소비자에게는 그저 가끔 필요할 뿐이에요. 없으면 다른 걸 쓰면 됩니다.

소비자의 일상에는 하루에도 엄청나게 많은 광고가 지나갑니다. 소비자는 그것들을 의도적으로 회피하고요. 우리도 소비자로서 다른 광고들을 대할 때 그러잖아요. 우리 눈에 딱 들어오는 광고는 오직 우리 회사 광고뿐이죠. 소비자 눈에는 그냥 흘러가요. 소비자의 지갑에는 여러 개의 신용카드가 있고 카드마다 다른 혜택이 있습니다. 할인 서비스 적용처가 수십 개인 데다 매달 달라집니다. 카페마다 스탬프카드가 있고, 옷가게마다 적립카드가 있습니다. 인기 가수의 신곡이 매일같이 나오고 매주 새로운 영화가 개봉합니다. 드라마에서 봤던 배우 누구와 누구의 스캔들이 터지고, 포털의 실시간 급상승 검색어는 매일 새로운 이름으로 가득 찹니다. 이런 정보들 가운데에서, 우리 제품/서비스 업그레이드가 정말 소비자가 관심을 기울일 만한 소식일까요? 경쟁사와 비교해보고 뭐가 얼마나 더 나아진 건지 알고 싶어 할 소비자가 얼마나 있을까요?

제품/서비스를 제공하는 사람들은 종종 '우리 게 정말 좋은데 소비자가 몰라서 못 사는 것'이라 생각하고, 광고나 이벤트로 우리 장점을 알리기만 하면 소비자가 살 거라고 확신합니다. 하지만 우리도 소비자일 때는 광고를 귀찮아하고, 회피하고, 보더라도 안 믿지 않나요. 배너를 누를 때 99% 이상은 실수이고, 짜증내면서 얼른 엑스 버튼을 누르지 않나요.

소비자 입장에서 객관적으로 본다는 것은, 우리 상품도 소비자 입장에서는 수많은 상품 중 하나일 뿐이며, 우리 광고도 다른 광고들처럼 귀찮은 존재이고, 우리 상품의 장점 역시 대단치 않음을 인정하는 것입니다. 더 중요하게는, 소비자가 진짜 솔깃해하는 건 뭔지 관심을 기울이는 겁니다. 소비자는 배달의민족이 업데이트를 하든 말든 관심이 없지만 오늘 비가 오는지는 관심이 있습니다. 비오는 날은 나가지 않고 집에서 시켜먹고 싶죠.

우리 브랜드를 객관적으로 보는 연습을 반복하면 소비자의 인격에 들어갔다 나왔다 할 수 있게 됩니다. 소비자의 인격에 빙의해서 거꾸로 우리가 파는 상품을 보면 다른 상품들과 거기서 거기로 느껴질 수도 있고, 관심을 기울이고 싶지 않을 수도 있어요.

마케터는 회사 안에서 소비자를 대표합니다. 소비자의 입장을 제대로 반영할 수 있어야 합니다. 쉽게 상상할 수 있는 소비자를 상대로 할 때 마케팅도 잘할 수 있습니다.

그러니 우리, 이중인격자가 됩시다.

상품 제공자의 인격과 소비자의 인격을 넘나듭시다. 마케터는 회사 내에서 우리 상품에 가장 심드렁해야 합니다. 동시에 우리는 우리 상품을 누구보다도 깊이 알고 우리 브랜드를 누구보다도 좋아해야 합니다. 기획자만큼 깊이 알면서 소비자만큼 얕게 보는 일, 좋아하는 동시에 심드렁한 자기분열 상태를 유지하는 것, 어려워 보이지만 마케터가 가져야 할 이중인격입니다.

소비자의 입장에
서보는 방법

소비자의 입장에 대해 조금 더 이야기해볼게요. 어떻게 소비자의 입장에 빙의할 수 있는가.

일전에 재미있는 이야기를 하나 들었는데요, 자세한 내용까지는 기억하지 못하지만, 대중음악 편집하는 이야기였어요. 좋은 소리를 만들려면 좋은 장비가 필요하잖아요. 악기도 스피커도 엄청 비싸고 좋은 걸 씁니다. 그런데 그 비싼 장비들로 가득한 편집실에서 숨소리, 미세한 소리 한 자락까지 신경 쓰며 편집을 마치고 최종 테스트를 할 때에는 흔히 구할 수 있는 싸구려 스피커로 들어본다는 거예요. 싸구려 스피커로 들어도 좋은 음악이어야 진짜 좋은 음악이라는 거죠. 원음을 생생히 재현하는 고음질이 아니라 대중이 듣는 저음질이 진짜라는.

이 이야기를 들었을 때 저는 눈이 뜨이고 귀가 뻥 뚫리는 느낌이었어요. 사실 우리가 평소 대중음악을 접하는 환경이 음악 감상에 최적화된 건 아니잖아요. 노트북 스피커로 듣거나 스마트폰 스피커로 듣고 스마트폰 패키지에 들어 있는 기본 이어폰으로 듣고, 카페나 술집이나 옷가게에서 사람들의 말소리 사이로 듣죠. 거실에서 TV 볼 때는 그나마 좋은 환경인 거네요.

마케팅 메시지도 마찬가지일 것 같아요. 우리가 영혼을 담아 한 줄 한 줄 쓴 카피는 앞의 이야기에 나왔던 싸구려 스피커를 통해 사람들에게 읽힙니다. 메인카피, 서브카피, 그 아래 진심을 담아 깨알같이 자세히 쓴 것들 다 잘 들리지 않습니다. 우리 이야기를 그렇게 공들여서 열심히 읽고 적극적으로 이해하려 들지 않으니까요.

이런 상황을 뚫고 전달된 메시지만이 소비자에게 읽힙니다. 소비자는 우리와 이해관계가 다르고, 사전지식이 다르고, 메시지를 접하는 상황이 다릅니다.

이해관계가 다르다

우리는 우리 브랜드에 관대합니다. '이렇게 좋은 걸 왜 안 사?'라고 생각하죠. 하지만 소비자는 웬만하면 안 사는 게 기본입니다. '비슷한 게 있는데 살까 말까', '좀 비싼데 다음에 살까'라고 생각합니다.

사전지식이 다르다

'우리가 아는 것 중에 소비자는 모르는 게 뭐지?' 하고 스스로 물어보세요. 엄청 많을 거예요. 아는 만큼 보인다는 말이 있습니다. 수많은 것들이 우리 눈에는 보이는데 소비자 눈에는 안 보입니다. 이야기는, 상대가 뭘 알고 뭘 모르는지를 아는 것부터가 시작입니다.

서울 지하철 2호선을 기다리면서 역 내 전광판을 보면 중간쯤에 '내선순환', '외선순환'이라고 써 있는 거, 보셨을 거예요. 이거 도움이 되던가요? 저는 지금도 뭐가 어느 방향인지 모릅니다. 책 쓰면서 물어봤는데 다른 사람들도 잘 모른대요. '내선순환은 시계

방향', 이렇게 외우는 사람도 있습니다. 애초에 외우지 않아도 된다면 더 좋을 텐데요. 지하철 이용자들이 내선순환의 방향을 모른다는 걸 지하철에서 일하시는 분들은 모르나 봅니다. 그분들에겐 이미 불편하지 않기 때문이죠. 이게 사전지식의 다름입니다.

이제라도 직관적으로 '시계방향', '반시계방향'이라고 바꿨으면 좋겠어요. 서울메트로 관계자님, 한번 고려해봐 주세요.

접하는 상황이 다르다

소비자에게 보여줄 페이스북 동영상을 만들 때의 일이었어요. 영상을 편집하면서 중간점검을 하는데, 작업 중인 큰 모니터의 풀스크린으로 보여주는 거예요. 그래서 말했습니다.

"화면을 줄여서 볼까요? 스마트폰 화면만 하게. 전체화면 말고, 그냥 폰을 세로로 두고 보는 크기로."

페이스북으로 영상을 볼 때 스피커를 안 켜는 경우가 많으니까, 대사는 자막으로 넣으면 더 좋겠죠. 그런데 화면 크기를 줄여서 보니 자막이 깨알 같아서 읽히지 않는 거예요. 풀스크린으로 볼 때는 엄청 큰 글씨였는데 말이죠.

다들 이렇게 많이 보지 않나요?

마케팅 기획이 잘됐는지, 메시지가 제대로 작동할지 볼 때는 처음 보는 것처럼 다 잊어버리고 멀리서 대충! 이게 잘 안 되면 우리 브랜드 자리에 경쟁사의 브랜드를 넣어서 봅니다. 그래도 매력적인가, 그래도 설득력 있나, 그래도 눈에 잘 띄나.

이성 반
감성 반

마케팅은, 특히 스타트업의 마케팅은 수학적이며 효율을 가장 중요하게 생각하는 계산적이고 이성적인 영역이라고 많이들 생각합니다. 소비자의 감성에 어필하는 크리에이티브는 아이디어가 넘치는 광고대행사에 맡기고 마케팅 전략만 책임지면 된다고 생각하기도 합니다.

저는 이성과 감성은 한 명의 마케터 안에 고르게 갖추는 게 좋다고 생각하는데요, 물론 쉬운 일은 아니죠. 쉽지 않은 거니까 조금 더 이야기해볼게요.

저에게는 쓸데없는 물건을 잘 사는 친구가 한 명 있습니다. 아니,

사실은 한 명이 아니라 많아요. '예쁜 쓰레기'라고 부르는 그런 거, 아시죠? 꽤 많은 사람들이 예쁜 쓰레기를 삽니다. 그냥 예뻐서, 때로는 그냥 좋아서, 때로는 기념으로, 힘든 하루를 보냈으니까, 화가 나니까 삽니다.

또 어떤 친구는 한정판 운동화에 목숨 겁니다. 남들이 보기에는 똑같은 신발인데 색깔만 다른 걸 원래 신발 가격의 몇 배씩 주고 삽니다. 그것도 며칠씩 매장 앞에 줄 서서 기다려서 말이죠.

우리는 꼭 필요해서만 사지 않습니다. 모든 일에 가성비를 따지지 않습니다. 감정적이고 즉흥적이죠. 우리는 또한 좋아하는 사람의 말을 더 잘 믿습니다. 매력적인 바리스타가 있는 커피숍에 갑니다. 사랑하는 사람이 해준 음식이 더 맛있습니다. 남들 다 쓰는 브랜드의 제품을 사고 안심합니다. 심지어 자동차도 예뻐서 삽니다. 예뻐서 샀다고 하긴 좀 그러니까 자기도 모르는 새 연비가 어쩌네 안전성이 어쩌네 이런저런 이유를 찾습니다. 그러고는 이성적으로 판단했다고 믿어버리죠. 모두 몸이 먼저 끌리고 반응하는 영역입니다.

하지만 상품을 기획하거나 마케팅 전략을 세울 때 우리는 이런 부분을 곧잘 무시합니다. 고객은 이성적이고 냉정하고 비교 분석해서 자신의 이익을 지키는 선택을 한다고 생각하기 쉬워요.

숫자로 확인할 수 없는 일들이 있습니다. 배달의민족이 하는 이상한 브랜딩 캠페인들도 그래요. 재미있기는 한데 그거 왜 하냐는 질문을 자주 받습니다. 매출에 어떤 효과가 있었냐고. 효과는 눈앞에 크고 분명하게 보이지만, 정확한 측정은 어렵습니다. 정확히 말하자면 인과관계를 분명히 하기 어렵죠. 지표 증가의 원인이 최근의 브랜딩 캠페인 때문인지, TV 광고 때문인지, 보완된 정책 때문인지…

한편, 감성에만 의존하는 것도 위험합니다. 원인과 결과의 관계를 찾아내고, 본질과 현상을 구분하는 것은 이성의 일입니다. 인과관계를 찾는 일은 단지 지표분석할 때만 필요한 게 아닙니다. 세상 돌아가는 이치를 이해하는 모든 일에 이성이 필요합니다.

신문기사를 보다가 쉽게 분노하거나 놀라는 사람들이 있습니다. 분노하거나 놀랄 만한 이야기가 있기 때문입니다. 하지만 어떤 기사는 사실이고 어떤 기사는 과장이고 어떤 기사는 확인되지 않은 추측이고 심지어 어떤 기사는 거짓입니다. 몇몇 기자들은 기사를 어떻게든 읽히게 하려고 사실을 왜곡합니다. 원인과 결과를 자극적으로 편집합니다. 작고 일시적인 현상을 끄집어내 전체라고 과장합니다. 편집방향과 맞는 몇 명만 인터뷰하고는 대중의 여론이라고 합니다. 논리를 건너뜁니다. 어떤 기자는 알고도 그러고, 어떤 기자는 몰라서 그럽니다.

제대로 인과관계를 파악하고 본질을 이해하면 전혀 흥분할 일이 아닌 기사들이 많습니다. 이걸 가려내는 연습을 해야 합니다. 기사는 좋은 연습 소재가 됩니다. 이것은 논리적으로 개연성이 있나, 어디서 비약이 있나, 무엇이 문제인가. 이런 연습은 마케팅 문제를 파악하는 데에도 큰 도움이 될 겁니다.

마케터는 소비자의 마음에 공감하고, 무형을 유형으로 분석해내고, 회사의 이익 계산도 잘할 수 있어야 합니다. 감성 없는 이성은 차갑고, 이성 없는 감성은 즉흥적입니다.
우리, 어느 쪽도 놓치지 말아요.

이성엔 감성을,
감성엔 이성을.

이야기할 가치가 있는
사건을 만든다

대개 사람들은 귀로 들은 이야기보다 눈으로 본 것을 잘 기억하고, 본 것보다 직접 해본 것을 훨씬 잘 기억합니다. 수업을 듣기만 한 것보다 직접 누군가를 가르쳐보면 기억에 잘 남는 것도 같은 이치겠죠.

마케팅에서도 이건 새삼스런 이야기가 아닙니다. 이미 많은 브랜드가 일방적으로 말하고 보여주는 데 그치지 않고 자신의 브랜드 스토리에 고객을 참여시키려는 노력을 하고 있습니다. 29CM는 고객들 가운데 리포터를 뽑아 해외 멋진 도시의 숍을 취재하게 합니다. 애플은 'iPhone으로 찍다'라는 제목으로 사용자가 직접 찍은 사진들을 이용해 광고를 만듭니다. 여행 커뮤니티인 '여행에 미치다'에 자신이 찍은 여행 동영상을 자발적으로 제공해 공유하는 사람들도 많습니다.

배달의민족도 마찬가지입니다. 매년 봄이 되면 사람들이 직접 짧은 시를 짓고 응모할 수 있도록 배민 신춘문예를 열고 있습니다. 그리고 고사장에 와서 치킨에 대한 필기/실기 시험을 보고 치믈리에 자격증을 딸 수 있는 대회를 엽니다. 페이스북을 통해 소소하게 그림 그리기 대회를 열기도 하고요.

'치킨은 살 안 쪄요 살은 내가 쪄요' 뮤직비디오

2017년 배민 신춘문예에서는 '치킨은 살 안 쪄요, 살은 내가 쪄요'라는 작품이 대상으로 뽑혔습니다. 이 작품을 포스터로 만들어서 지하철역과 버스 옆면에 붙였어요.

이걸 보고 '런치백'이라는 밴드가 영감을 받아 같은 제목의 노래를 만들게 됩니다. 저희는 몰랐어요, 이때까지만 해도. 많이들 물어보시는데 짜고 친 거 아니에요. (웃음) 그런데 이 노래가 잘됐어요. 네이버 뮤지션리그에서 주목받았고, 네이버가 정식 음원 제작을 지원하기에 이르렀습니다. 이렇게 되니 저희 배달의민족은 뮤직비디오를 만들어드리기로 했죠.

뮤직비디오를 어떻게 만들까요? 가장 큰 고민은 '어떻게 해야 수많은 뮤직비디오 중에 한 번이라도 보이게 될까?'였어요. '배민이 뮤직비디오를 만들었대, 이거 한번 봐봐!' 하면서 카톡 대화창을 타고 소문날 만한 영상이 되려면 뭐가 나와야 할까.

여러 방법을 고민하다 일단 독특한 율동을 만들어보기로 했습니다. OK. 그런데 누가 이 율동을 해? 누가 출연하는 거야? 여러 사람을 떠올려보는데 답이 안 나오는 거예요. 출연만으로도 주목받을 수 있는 대배우들은 비용 감당이 안 되고, 떠오르는 신예들은 그냥 지나쳐갈 것 같았습니다. 그럼 독특한 조합을 만들어볼까? 며칠 동안 수십 쌍의 리스트를 보내고 나온 안이 김혜자-김창열. 나란히 놓인 두 이름만 봤을 뿐인데 '응? 진짜? 말도 안 돼!

근데 말 된다!' 하고 정신이 쏙 빠지더라고요. 이런 조합이 진짜 가능할까 싶고. '우리만 이럴까? 고객들도 그러겠죠!' 조금 걱정되는 부분도 있었지만, 놀리자는 의도로 만드는 것도 아니고, 사람들도 잘 이해해줄 것 같았어요. 그렇다면 도전! 다행히 김혜자, 김창열 두 분도 취지를 이해해주셨습니다.

친구들 혹은 동료에게 이야기할 만한 사건이 되려면 다음 요건들 중 하나 이상을 갖춰야 합니다. 하나만 만족해도 소문은 시작될 수 있고 둘, 셋을 만족하면 빠르게 퍼져나갈 겁니다.

• 신기함 : 처음 들어보는 생각지 못한 일
• 재미있음 : 웃긴, 흥미로운, 귀여운, 공감 가는 일
• 유용함 : 참여할 수 있는, 나와 상관 있는, 혜택이 있는 일
• 자기표현 : 이야기를 전함으로써 자신을 표현할 수 있는 일

배달의민족이 했던 구체적인 시도들을 좀 더 이야기해볼게요.
배민 치믈리에 자격시험이 태어나기 전에 원래 아이디어로 닭싸움대회가 있었습니다. 닭싸움대회가 순조롭게 잘 만들어졌다면 치믈리에 자격시험은 세상에 없었을지도 몰라요.

배민 전국 닭싸움대회

어느 날 한 마케터가 2017년 닭의 해 캠페인으로 닭싸움대회를 열어보자는 기획을 가져왔습니다. '배민 전국 닭싸움대회'라는 제목을 듣고는 '이거다!' 했어요. 저뿐 아니고 다들 행사 제목만 듣고도 파하하 웃으며 주저앉는 거예요. 게다가 배달의민족이 한다니 너무 잘 어울리잖아요. 우리 민족의 전통놀이 패러디라. 마치 씨름처럼 전통의 놀이를 현대적인 스포츠로 되살려보는 거죠.

그런데 닭싸움은 기본적인 규칙은 있지만 스포츠로 인정될 만큼 룰이 규격화돼 있지는 않아요. 지역마다 다른 닭싸움 룰을 모아 전국에 통용될 만한 룰을 만들고, 다치지 않도록 보호장구도 만들고, 승부 시비가 없도록 판정을 도와주는 시스템도 만들고, 공인 심판도 세우고, 할 일이 많았죠. 잘하면 3 on 3 농구대회처럼 전국 학교에 붐을 일으킬 수도 있을 것 같았어요. 닭싸움을 올림픽 종목으로 만드는 것도 불가능은 아니란 생각이 들었습니다.

하지만 결국 닭싸움대회를 열지는 못했습니다. 출전 선수들이 다치지 않도록 하는 방법을 찾아내지 못했거든요. 이거 거의 격투기가 되겠더라고요.

실행까지 가지는 못했지만, 전국 닭싸움대회를 준비하면서 배운 게 있었습니다.

'제목의 힘은 강하다.'

제목만 들어도 흥미롭고 '너 이거 알아?', '이거 봤어?' 하고 뉴스가 될 만한 일을 찾아내고, 실행만 꼼꼼히 잘 챙기면 나머지는 저절로 되겠구나. 물론 말처럼 쉽지는 않겠지만요.

이런 실패를 딛고 '배민 치믈리에 자격시험'을 만들게 됐습니다.

배민 치믈리에 자격시험

2017년 8월, 배달의민족은 치믈리에 자격시험을 개최했습니다. 와인 소믈리에처럼 다양한 치킨을 맛보고 맛만으로 브랜드와 메뉴를 맞히는 시험입니다. 듣기평가와 필기시험도 통과해야 합니다. 500명이 시험장에 모여 시험을 봤고, 총 119명의 합격자를 배출했습니다.

시험이 끝난 후, 각종 매체들로부터 합격한 치믈리에들의 인터뷰 요청이 들어왔어요. 그런데 인터뷰 내용을 들어보니 치믈리에들의 이야기가 너무 흥미로운 거예요. 여러 명이 먹을 치킨을 시킬 때 몇 마리가 적당한지 구하는 공식, 치킨 다리를 사수하는 요령 등, 이런 반짝반짝 보물 같은 노하우를 우리만 알고 있기에는 너무

아깝다는 생각이 들었어요.

　그래서 이 내용들을 묶어서 《치슐랭 가이드》를 만들고 있습니다. 치킨 선택의 가이드북이죠. 세상에 없던 신기한 일이고, 재미있고, 읽는 사람에게 유용한 정보가 될 책입니다. 이 책을 《미슐랭 가이드》와 어깨를 나란히 하는, 《미슐랭 가이드》보다 더 대중적으로 사랑받는 미식 가이드북으로 키워보고 싶습니다. 세계에서 한국이 치킨 최강국으로 인식되고, 치킨이 미식의 한 부분으로 당당히 인정받도록, 누구나 자기에게 맞는 치킨을 알고 즐길 수 있는 세상을 만들고 싶습니다. (웃음)

신기하지만 낯설지 않은, 재미있는, 참여할 수 있는, 배민다운
그리고 진정성 있는 이야기

이 모든 것은 작은 사건에서 시작되었습니다.

회사에 신규입사자 워크숍이 있었는데요, 수업만 하면 재미없으니 중간에 게임을 했습니다. 조별로 대표선수가 나와서 눈 가리고 무슨 치킨인지 맞히는 거였어요. 이게 뭐라고 다들 일어서서 손에 땀을 쥐고, 정말 흥미진진하고 신이 났습니다.

우승자를 보고 누군가 '치킨감별사'라고 했고, 누군가는 또 '워터소믈리에도 있는데 치킨소믈리에라고 없으란 법 있냐'고 하고, '치킨 맛 보려면 후라이드 부문, 양념부문이 따로 있어야 된다'는 의견을 얹고, '토익 보듯이 이론시험 실기시험을 따로 보자', '온라인 모의고사도 하면 재미있겠다', '기출문제집도 나오겠다', '스터디그룹도 생기겠다'며 서로 막 드립을 치는 거예요.

한 20분쯤 깔깔거리며 잘 놀았습니다. 한참 웃다가 정신 차리고, 떠든 내용을 문서로 정리했죠. 그게 이 행사의 기획서가 됐습니다. 물론 실행하면서 첫 기획의 디테일은 많이 바뀌었지만요.

행사를 만드는 과정은 치열했습니다. 준비할 것은 끝이 없었고, 행사 당일에 사고가 날 만한 위험요소도 많았습니다. 치킨 500마리가 제시간에 문제없이 잘 도착해야 하고, 옮겨 담는 동안 하나도 실수가 없어야 하고, 시험문제 유출이 없어야 하고, 문제의 공정성 시비가 없어야 하고… 운영상 고려할 일들이 한두 가지가 아니었어요. 다행히 사고 없이 행사를 마쳤습니다. 준비했던 마케터들은 녹초가 되었으나 기뻤습니다. 기대했던 것보다 훨씬 더 화제가 됐거든요. 왜 그럴까 생각해봤는데요. 제가 생각하는 이유는 이렇습니다.

첫째, 신기한 일인데 낯설지는 않다. '치믈리에'는 한 번쯤 들어봤을 것 같은 단어인데, 진짜 시험으로는 아무도 하지 않았던 거예요. 치믈리에 자격시험을 보고 자격증을 발급한다는 건 세상 처음 들어보는 농담 같고 진담 같은 이야기인 거죠. 실제라면 너무 웃긴데 진지하기도 하다는 것.

둘째, 직접 참여할 수 있는, 나와 상관 있는 일이라는 것입니다. 남의 이야기를 지켜보는 것도 재미있지만 내가 직접 참여할 수 있는, 나와 상관 있는 일은 더 재미있으니까요. 치믈리에 시험장에 가서 치킨 냄새를 맡으며 시험을 볼 수 있다, 어쩌면 내가 치믈리에 자격증을 딸지도 모른다, 너에게도 상관 있는 이야기니까 내가 말해주고 싶다는 것.

셋째는, 마침 이것이 무척 배민답다는 겁니다. 배달의민족은 유머, 키치, 패러디를 브랜드 커뮤니케이션 수단으로 삼고 있습니다. 잡지 광고나 배민문방구 등을 통해 꾸준히 배민다운 유머를 나누고 있고, 신문사와 잡지사가 개최하는 신춘문예를 패러디해서 배민 신춘문예를 만들었습니다. 치믈리에 자격시험 역시 이 연장선상에 있는 거라 자연스럽게 힘을 받을 수 있었다고 생각합니다. 그래서 남들이 쉽게 따라 할 수 없는 것이 됐죠. 어떤 치킨 브랜드도할 수 없고, 어떤 경쟁사에도 안 어울리는 이벤트인 거예요. 오직배달의민족에만 어울리기 때문에, '배민이 치믈리에 자격시험을 개최한다'는 이야기를 들었을 때 구체적인 내용을 몰라도 저절로 씨익 웃게 되죠. 뭔가 웃기는 일이 일어날 것 같은 기대를 하게 됩니다.

마지막으로 하나 더 보태자면, 진정성입니다. 진정성이 있었기 때문에 재미만으로 끝나지 않는 울림을 남긴 것 같습니다. 누군가에게는 그저 치킨이고 그저 장난으로 보일지도 모르겠지만, 치킨을 사랑하는 사람에겐 열정의 대상입니다. 누군가의 열정을 가볍게 치부하지 않고 치킨 사랑을 진지하게 다뤄준다는 것 자체가 팍팍한 일상을 사는 사람들에게 위로가 되는 일인지도 모릅니다.

행사를 잘 만드는 걸 넘어서, 많은 사람들이 알고 즐기고 만족할 수 있게, 우리가 핵심고객으로 생각하는 많은 사람들이 서로 이야기하게 하는 걸 목표로 삼아봅시다.

상상하자

마케팅 캠페인을 기획하는 데 막연함은 가장 일상적이고도 큰 적입니다. 무엇을 어떻게 다르게 할지 구체적으로 정하지 않으면 기획서에는 당연한 이야기만 가득 차게 됩니다.

구체적이라는 뜻은 다른 점이 뭔지, 언제 할지, 어디서 할지, 얼마나 할 건지, 누가 나올지, 몇 명인지, 얼마인지를 계획에 넣는 걸 말합니다. 나중에 달라지더라도 일단 뭐라도 있으면 좋습니다.

이 정도 수준까지 구체적으로 계획하려면 자료조사 며칠, 아이디어 회의 며칠, 보고서로 정리하는 데 며칠 걸릴 거라고 생각하실지 모르겠지만 저희는 비교적 짧은 시간에 초벌을 완성합니다. 모여서 떠오르는 생각부터 아무거나 막 말하고 웃고 웃기다가 생각을 발전시켜 정리해갑니다. 상상력을 발휘해서 실제 그날 그 장소에 있다고 생각하는 거예요. 거기서 고객이 읽을 단어, 표지판, 안내하는 사람들을 눈앞에 그려보는 겁니다.

짧은 시간에 초벌을 완성하려면 자료조사는 언제나 머릿속에 되어 있어야 합니다. 그동안 수집해서 차곡차곡 쌓아둔 경험자산들을 유용하게 쓸 수 있어야 합니다.

캠페인의 소재는 이미 소비자가 갖고 있습니다. 고민하고 있으면 우주에서 뚝 떨어지는 게 아니더라고요. 소비자의 말과 행동을 잘 보면 늘 거기에 있습니다. 일상과 잘 구분되지 않아서, 보호색을 띠고 있어서 못 알아볼 뿐입니다. 배민 신춘문예가 나오기 전에 이미 사람들은 배달의민족 광고 카피를 패러디해서 시를 짓고 있었고, 배민 치믈리에 자격시험 이전에도 사람들은 치믈리에라는 단어를 쓰고 있었습니다.

초벌은 획획 만들고 완성도는 차곡차곡 더해갑니다. 이 과정에서 처음 계획했던 것과 여러 가지가 달라지기도 합니다. 실행과정에서 크게 바꿀 때도 있습니다. 그렇게 바꾸더라도 디테일한 계획을 세워두는 건 중요합니다. 그래야 눈앞에 보이거든요.

상상하자, 언제 어떤 상황에서 우리 이야기를 듣는지

구체적으로 상상할 때 빼먹지 말아야 할 것은 맥락, 콘텍스트입니다. 사람들이 언제, 뭘 하다가 우리의 메시지를 접하게 될까. 배고픈지 한가한지 걸으면서인지. 길거리를 바쁘게 지나가는 사람들에게 하는 이야기인지, 내 이야기를 귀담아 들으러 온 사람들에게 하는 이야기인지에 따라 할 말은 달라집니다. 지나가는 사람은 긴 이야기를 들을 이유가 없고, 나를 알고 찾아온 사람에게 내가 누구인지부터 설명하면 지루합니다.

상상하자, 시나리오를 쓰듯이 구체적으로

시놉시스만으로 방송을 찍을 수 없는 것과 마찬가지로, 실행을 하려면 구체적인 계획이 필요합니다. '7월에 한다'가 아니라 7월 22일, 시간은 언제, 장소는 어디, 등장인물은 구체적으로 누구, 그런 거 말이죠. 시나리오는 이런 아주 구체적인 것까지 쓰잖아요.

마케팅 캠페인을 한 편의 TV 쇼라고 생각하고 시나리오 쓰듯이 구체적으로 써봅니다. 등장인물은 소비자까지 캐스팅해둡니다. 브랜드가 말을 걸고, 소비자가 반응하고, 그 반응에 다시 브랜드가 대답하고, 이렇게 반응과 대답을 반복하는 것은 마치 대화처럼 보이기도 하죠.

상상하자, 미래의 신문을 펼쳐보듯이

이 캠페인이 잘됐을 때 어떤 기사가 나올까? 이걸 상상해서 미래의 신문기사를 써보는 거예요. 쓰고 읽고 동료들과 공유하는 동안 객관적인 제삼자 입장에서 이 일을 볼 수 있게 돼요.

홍보팀과 이야기하다 보면 '이건 기사 될 것 같아요' 혹은 '이건 기자들이 별로 안 받아줄 것 같은데요'라고 피드백해 주잖아요. 기사 쓰기를 반복하다 보면 홍보팀에서 어떤 반응을 보일지도 상상되기 시작합니다. 이 상상이 판단의 지표가 될 수 있어요. 기사가 되겠구나, 특히 이 점을 흥미로워하겠구나.

서비스를 공급하는 우리에게는 신기하고 신선한데 보는 사람에게는 대단치 않은 일들이 많잖아요. 미리 쓴 기사를 보면서 뭐가 중요하고 뭐가 덜 중요한지 좀 느낄 수 있게 됩니다.

힘들여 준비했지만 딱히 이야깃거리가 안 될 것 같으면 힘을 좀 빼고, 기사에 들어가면 좋을 꼭지인데 미처 준비하지 못한 게 있다면 이제부터 준비하면 됩니다. 핵심이 될 부분을 발견하면 거기에 더 집중하고요.

항상 끝나고 나면 아쉽잖아요. '미리 준비했으면 좋았을걸' 하고. 미래신문의 기사를 써보는 건 시간여행을 다녀오는 것과 같습니다. 끝나고 느낄 아쉬움을 미리 볼 수 있으니까, 미리 보완하고 대비할 수 있게 됩니다. 기사를 미리 써보는 '미래신문', 잘 활용해 보시기 바랍니다.

상상하지
말자

제 주변 사람들 열에 아홉은 아이폰을 씁니다. 나이는 대부분 30대에서 40대 초반. 페이스북과 인스타그램 중 하나는 합니다. 대부분 월요일부터 금요일까지 출근합니다.

오래전 어느 날 평일 오후였는데요, 지하철을 탔다가 깜짝 놀랐어요. 근무시간인데 지하철 안에 사람이 가득한 거예요. '이 사람들 회사는 어쩌고?' 제 주변 사람들은 다 회사에 있을 시간인데, 학생들은 다 학교에 있어야 할 시간일 텐데, 지하철이 만원인 게 너무 이상했어요.

통계로 보면 한국에서 아이폰을 쓰는 사람은 5명 중 한 명밖에 되지 않습니다. 그리고 30대는 전체 인구의 5명 중 한 명도 안 되죠. 정확한 통계는 모르겠지만 월요일부터 금요일까지 꼬박 출근하는 사람이 대다수는 아닐 겁니다. 개인사업하는 분들도 많고, 프리랜서도 많을 거예요. 그런데 어떻게 내 주변 사람들만 다 아이폰을 쓰는, 30대, 회사원인 걸까요.

저만 그런 거 아니죠. 이 글을 읽는 분들도 누구나 자기 자신과 비슷한 사람들에 둘러싸여 있을 겁니다. 사장님 주변엔 사장님이 많고, 신입사원 주변엔 신입사원 많습니다. 저도 대학생 땐 주변에 온통 대학생이었습니다. 자기가 속한 그룹은 필연적으로 자기 자신을 닮아요. '가장 가까운 사람 5명의 평균을 내면 그게 나'라는 말도 있잖아요.

그래서 가까운 주변 사람들만 보며 세상 사람들이 모두 그럴 거라 생각하면 큰 오류에 빠집니다. '나'는 세상의 중심이 아닙니다. 특히나 마케터는 오히려 세상의 주변부에 있을 가능성이 커요. 남들보다 호기심이 특별히 많고 남들보다 공감력이 더 높은 사람일 거예요, 아마도.

그러므로 수치나 비율, 규모를 다룰 때에는 반드시 정확한 데이터로 확인하고 상상의 오류를 수정해야 합니다. 상상으로 시작하지만 상상만으로 끝내지 않을 것, 동전의 양면과도 같은 상상의 양면입니다.

보고서보다
이야기

"우리는 보고서보다 실행과정의 정교함에 더 신경을 많이 쓰는 것 같아요."

일하는 문화에 대해 대화하던 어느 날, 한 마케터가 말했습니다.

어떤 팀은 프로젝트의 방향을 결정하기 위해 폭넓은 조사를 하고, 논리적으로 꼼꼼히 보고서를 만들고, 팀장님 실장님 이사님 대표님 차례대로 결재를 거칩니다. 그런데 저희는 실행과정에 공을 많이 들이는 편입니다. 주어진 시간과 노력의 리소스를 전반에 더 투입하느냐 후반에 더 투입하느냐로 생각해볼 수도 있습니다. 무엇이 좋고 무엇이 나쁘다고 할 수는 없어요. 각자의 특성이 있는 것이겠죠.

단, 보고서 자체의 문서적 논리정연함보다 중요한 것이 있어요. '무엇을 어떻게 하겠다'는 결론입니다. 처음 일할 때에는 저도 이걸 잘 몰랐어요.

사회 초년생 시절 브랜드컨설팅 회사에서 일할 때, 이름 하나를 설득하기 위해 수십 장의 보고서를 썼습니다. 배경, 소비자 리서치, 경쟁 브랜드 현황 등. 그런데 클라이언트가 CEO 보고를 할 때가 되니 결론 페이지만 달랑, 이름이 든 페이지 딱 한 장만 가져가는 거예요. 그나마 다른 여러 가지 중요하고 바쁜 안건들 사이에 그 한 장이 들어갑니다. 피땀 어린 리서치와 설득 논리는 보고서 앞에 있는데… 잘 설득될까 불안했어요. 우리가 직접 CEO에게 PT를 해서 제대로 설득할 기회가 있으면 좋겠다고 생각했어요. 물론 지금은 그렇게 생각하지 않습니다. 이제 설득은 주로 말로 짧게 하고, 문서는 그 말을 기억하고 공유하기 위해 씁니다.

보고서를 쓰면서 위대한 누군가의 이야기를 인용하거나, 있어 보이는 분석툴을 쓰는 일이 종종 있죠. 물론 유용하지만, 그렇게 빌려오지 않아도 쉽게 자기 말만으로 설득할 수 있어야 합니다. 소비자는 분석 보고서를 보지 않으니까요. 중간과정 다 생략하고 대뜸 결론부터 봐도 즉시 이해되고 마음이 움직여야 합니다. 인용글과 분석자료를 한참 보고 나서야 이해된다면 그 캠페인은 실패할 가능성이 큽니다.

내용이 좋으면 문서로도 설득력 있게 정리할 수 있습니다. 하지만 거꾸로, 설득력 있고 멋진 문서가 늘 좋은 내용을 담고 있는 것은 아니에요. 멋진 보고서 만들기를 경계해야 하는 이유입니다. 설득력 있게 앞뒤가 잘 짜인 문서를 만들고 나면 '기획을 잘했다'고 스스로도 착각할 수 있습니다.

'시간이 없어서 길게 씁니다'라고 파스칼이 말했다죠. 생각을 제대로 정리했다면 짧게 말할 수 있습니다. '딱 한마디만 할 수 있다면 뭐라고 할까', '딱 한 문장만 말할 수 있다면 뭐라고 할까', '1분이 주어진다면 뭐라고 할까'의 순서대로 준비해보면 좋습니다.

때때로, '보고서는 됐고 지금 짧게 이야기해주세요'라고 요청받을 때가 있죠. 때때로 중요한 보고는 엘리베이터를 타고 내리는 짧은 시간에 이루어집니다. 긴 보고서와 발표를 통해서만 설득할 수 있다면, 내용이 아니라 논리와 장치만 화려한 걸지도 모릅니다.

2016만우절

뻥

축구공을 나누거주자!

← 실제로 받은
한페이지기획서

　우리가 하는 건 진짜 일입니다. 장식은 필요 없습니다. 무릎을
탁 치는 이야기에는 논리가 필요 없습니다. 멋지게 보고서 만드느
라 힘 빼지 말고 진짜 중요한 일을 합시다.

되는 방법을 찾는다, 안 되는 이유 말고

　사람들은 마케터에게 늘 새로운 걸 기대합니다. 전에 없었던 것, 신선한 것, 창의적인 것. 하지만 새로운 것이 늘 환영받지는 않죠. 애플의 아이폰도 신제품이 나올 때마다 환호 반 비웃음 반입니다. 아이폰5가 새로 나왔을 때는 화면이 길어서 이상하다고들 했고, 에어팟Airpod이 새로 나왔을 땐 디자인이 우스꽝스럽다고, 줄이 없으니 잘 잃어버릴 거라고 했죠. 아이폰에서 이어폰 단자를 없앴을 때에는 이미 가지고 있는 이어폰과 헤드폰은 어쩌란 말이냐며 분노하는 사람들도 있었습니다.

　안 된다고, 말도 안 되는 아이디어라고 비난하고 비아냥거리는 사람이 있는가 하면, 긴 화면의 좋은 점을 찾고, 줄 없는 이어폰으로 활동의 자유를 찾는 사람들도 있습니다.

어떤 마케터들은 이런 푸념을 하죠. 광고주 혹은 대표님이 '만날 하는 식상한 것 말고 좀 새로운 걸 찾아보라'고 해서 새로운 걸 가져갔더니 '이렇게 해서 성공한 사례가 있어요?'라고 묻는다고. 이제 처음 하는 건데 사례가 어디 있냐고, 어쩌라는 거냐고.

새로운 제안이 던져지면 사람들은 반사적으로 두 가지를 동시에 떠올립니다. '안 되는 이유' 그리고 '되는 방법.'

안 되는 이유를 말하기는 참 쉽습니다. 게다가 안 되는 이유는 엄청 많아요. 찾으면 끝도 없이 나옵니다. 안 되는 이유를 계속 말하다 보면 어느새 아무도 새로운 것에 대한 이야기를 하지 않게 됩니다. '안 돼 안 돼 말잔치'에 까일 소재를 제공하고 싶은 사람은 없으니까요. 안 되는 이유부터 말하기 시작하면 되는 방법이 나올 기회를 잃습니다.

그런데 우리는 왜 안 되는 이유부터 말하게 되는 걸까요.

제가 생각하는 첫 번째 이유는 '본능'입니다. 익숙한 게 안전하고 처음 보는 건 위험하다고 느끼고 두려워하는 거죠. 안전을 먼저 찾아요. 그러니 안 되는 이유를 찾는 건 어쩌면 자연스러운 반응인지도 모릅니다. 인류라는 종을 유지하기 위해 유전자에 새겨져 있는 건지도 몰라요. 아무도 안 가본 길을 우리가 간다고 하면 두려운 거죠.

두 번째는 '경험'입니다. 회사에서 겪은 일들을 통해 교육되기도 하는 것 같습니다. 새로운 아이디어를 말했다가 '업계를 모르시네', '현실을 모르시네' 하며 철부지 취급받은 적, 여러분도 있죠? 있는 정도가 아니라 많다고요? 많죠. 많습니다. 게다가 안 되는 이유를 말하는 건 경험적으로 좀 있어 보입니다. '거기까진 생각 못하신 것 같은데' 하는 모양이 되니까 더 아는 사람, 고민 많이 한 사람처럼 보이고, 똑똑해 보이고, 멋져 보이기도 할 거예요. 부끄럽지만 저도 예전에는 안 되는 이유를 먼저 말하는 편이었던 것 같습니다.

그런데 이게 정말 똑똑하고 멋진 것 맞나요? 사실은 두렵고, 안 하고 싶은 것 아닐까요? 책임지기 싫고, 일을 실현하려는 마음이 없는 것 아닐까요?

실현시키고 싶은 일이 있으면 되는 방법을 찾고, 방법이 보이지 않으면 새로 만들어서라도 되게 합니다. 재미있는 게, '이거 해보고 싶다, 되도록 해보자' 하고 덤비면 되는 방법이 정말 나오기도 한다는 거죠. 되는 방법부터 찾고, 안 될 이유들은 고치고 개선하면 됩니다.

저와 동료들은 새로운 아이디어가 나오면 일단 된다고 생각하고 서로서로 되는 방법들을 내놓으며 한참 앞으로 가봤다가, 그래도 영 아니면 그때 돌아옵니다. 안 되는 아이디어로 한번 끝까지 가보는 거, 생각보다 재미있어요.

지금은 많이들 쓰고 있는 배달의민족 한나체도 처음엔(지금도?) 이상한 서체였어요. 진짜 이렇게 만들어도 되는 걸까 싶을 만큼. 배민문방구 제품들도 안 된다고 치자면 안 될 이유가 참 많았습니다. 하지만 계속 되는 방법을 찾아내고, 안 될 만한 이유는 고치고 보완했죠. 하려고 들면 고칠 점이 보이고, 안 하려고 들면 안 되는 이유가 끝도 없습니다.

배달의민족 한나체

성공의 경험을 쌓아갑시다. 되는 경험을 심어줍시다. 경험에는 관성이 있습니다. 무슨 말만 하면 자꾸 안 된다고 하니까 제안하는 사람도 스스로 안 되는 이유를 먼저 찾는 게 아닐까요? 책임지라고 하니까 다 안 된다고 그러는 것 아닐까요? 안 된다고 말하는 게 똑똑해 보이고 멋있어 보이면 안 됩니다. 되는 방법부터 찾고, 되게 하고, 앞으로 나아가게 하는 경험, 그 경험의 힘으로 본능적 두려움을 이겨내야 합니다.

쓸데 있는
'쓸고퀼'

기획을 했다면 이제 완성도를 제대로 높이는 일이 과제로 남았습니다. 기획만으로도 절반은 한 것 같지만, 사실은 실행이 정말 중요해요. (중요한 게 정말 많죠?)

어느 기획이나 완성도가 중요하지만, 장난처럼 보이는 기획은 더욱 중요한 것 같아요. B급 색채를 가진 행사가 디테일도 B급이면 그냥 어설픈 게 되어버리거든요. B급이란 A급보다 모자라다는 의미가 아닙니다. 자기다운 거죠. 달라도 괜찮다는 거예요. B급이 디테일을 끝까지 챙기면 콘트라스트가 강해지면서 진짜 반짝거리게 됩니다. 말로 하자면 '이게 이렇게까지 할 일이야?'예요. 한마디로 '쓸고퀼.'

치킨먹은 포인트로 깐풍기 시킬 수 있었대

    2014년에 배달의민족은 처음 TV 광고를 했습니다. 류승룡 배우가 나와서 '우리가 어떤 민족입니까!' 하고 외쳤죠. 기억나시죠? 이어서 '우리가 어떤 민족이랬지' 광고를 만들었습니다. 이때는 영화 예고편을 패러디했어요. 일반 TV 광고의 4배나 되는 길이, 영화 같은 스케일에 비장미가 철철 넘치는데 대사 내용은 엄청 사소해요. '살찌면 프사는 어떡해', '치킨 먹은 포인트로 깐풍기 시킬 수 있었대!' 이러면서 말이죠. 이런 반전의 매력이 사람들이 재미있어하는 포인트였던 것 같아요.

    배민 치믈리에 자격시험 이야기를 조금 더 해보면, 어쨌든 장난스러운 행사는 퀄리티를 어마어마하게 뽑는 데서 이른바 '엣지'가 생길 수 있습니다. '이걸 뭘 이렇게까지 했어'라는 말이 나오도록 노리는 거죠. 치킨 행사인데 롯데호텔에서 하다니. 콜라 한 잔을 따라도 와인 따르듯 정성스럽게 하고, 치킨 테이스팅 세트도 제대로, OMR 카드와 컴퓨터용 사인펜도 준비하고, 행사 피날레엔 꽃가루까지 뿌렸어요. 꽃가루도 네모난 색종이가 아니라 닭다리 모양이라니. B급 브랜드의 철저한 디테일은 감동을 자아낼 수 있습니다.

그럼 어떻게 해야 디테일을 철저하게 챙길 수 있는 걸까요? 디테일의 품질을 높이려면 '이 정도면 됐다' 하는 기준이 높아야 합니다. 이것저것 본 게 많으면 기준이 올라갈 수 있어요. 그중에서도 잘하는 것, 좋은 것을 많이 보면 디테일이 어디까지 뻗어갈 수 있는지 힌트를 얻을 수 있습니다.

마케터의 기획력

- 우리 브랜드를 사랑해줄 소수의 핵심고객을 찾아낸다. 그들을 나이 와 성별 말고 라이프스타일로 표현해보자.

- 우리가 사랑하는 우리 브랜드는 보통사람들에겐 특별하지 않다. 애정 을 갖고 기획하고 무관심한 고객 입장에서 읽어본다.

- 왜 하는지, 목표가 무엇인지 알고, 그에 맞는 해결방법을 찾아야 한 다. 협업할 때 반드시 '왜'를 충분히 이야기해서 공감해야 한다.

- 잘되는 기획은 긴 말이 필요하지 않다. 보고서 없이는 설득할 수 없 다면 잘된 기획이 아니다.

- 초안은 빠르게 매우 구체적으로 만들어놓고 하나씩 고치며 완성도 를 높인다. 상상으로 채운 부분은 자료로 검증한다.

- 기획 단계에서는 안 될 만한 이유와 되는 방법이 동시에 떠오르게 마련이다. 되는 방법부터 이야기하기 시작하면 문제를 더 잘 풀 수 있다.

- 이야기를 재미있게 잘하는 것만으로는 충분하지 않다. 사람들이 친 구 혹은 동료들과 우리 이야기를 하도록, 이야기할 만한 가치가 있 는 사건을 만드는 것을 목표로 둔다.

3장

마케터의
실행력

작게 짧게
빠르게

실행은 작게 짧게 빠르게. 과감하게 그리고 디테일하게.

철저하게 공들여서 차근차근 해야 하는 일도 있지만, 마케터에게는 작게 시작해서 짧게 던지고 빠르게 해야 하는 일이 훨씬 많습니다. 일단 빨리 해보고 괜찮으면 보완하면서 확대하고, 아닌 것 같으면 얼른 줄이거나 끝내는 거죠.

네이버에서 일하면서 배운 것이 많은데요, 그중 하나가 이해진 의장의 '유도탄 이론'이었습니다. 변화가 빠르고 수많은 서비스들이 무한경쟁을 하는 IT업계에서 우리는 유도탄을 쏘듯 일해야 한다는 이야기. 분초를 다투는 상황인데 정교하게 계산한 뒤에 쏘려

다가는 미사일에 얻어맞는다, 자료 수집하고 풍향 계산할 시간이 없다, 동쪽인지 서쪽인지 방향만 맞춰서 일단 빨리 쏘고, 목표물의 정확한 위치는 날아가는 동안 계산해서 계속 조정해야 한다는 메시지였어요.

잘 먹히면 늘리고, 별로면 멈추고

배달의민족 광고도 하는 것마다 잘되지는 않았습니다. 돈도 시간도 많이 들었는데 기대만큼 반응이 없었던 광고도 있는가 하면, 소셜미디어 게시용으로 가볍게 만들어본 영상인데 의외로 빵 터진 것도 있습니다.

야구하고 비슷한 것 같아요. 타자라면 누구나 타석에 나올 때마다 배트를 휘두르지만 어떨 땐 잘 맞고, 어떨 땐 안 맞죠. 4할 타자도 10번에 6번은 아웃인 거잖아요. 마케팅 캠페인도 늘 빵 터지는 걸 목표로 준비하지만 잘될 때도, 안 될 때도 있습니다. 준비를 잘하면 터지고 부족하면 안 터지는가 하면, 그것도 아니죠. 이번엔 꽤 잘 준비했다고 생각해도 실제 공개하기 전에는 터질지 안 터질지 잘 모릅니다.

우리가 할 수 있는 일은 그저 최선을 다해 배트를 휘두르는 것뿐입니다. 크게 준비한다고 크게 터지는 게 아니고, 작게 준비한

나는 4할타자
오늘 타석에 서기위해
십여년간 매일 땅을 훑었지
최선을 다해 휘두르지만
10번에 6번은 아웃된거야

다고 작게 터지는 것도 아니니, 일단 작게 계속 터뜨리면서 반응을 보는 거죠. 잘 터지는 것만 골라서 광고비를 더 태우고 더 밀어붙입니다. 안 터지는 것들은 손실이 더 커지지 않게 얼른 중단하고요.

준비를 꼼꼼히 못한 건 반성해야 할 일이지만, 빵 터지지 않은 실패는 그럴 수 있습니다. 방향만 맞다면 작은 걸음도 괜찮은 걸음입니다. 작은 걸음들이 쌓여서 한 방향으로 나아갑니다. 뒷걸음만 아니면 됩니다. 아니, 뒷걸음도 괜찮습니다. 큰 뒷걸음만 아니면 됩니다. 작은 뒷걸음은 금방 만회할 수 있습니다. 작아도 앞으로. 작게 짧게 빠르게.

3초다운 크리에이티브

'작게 짧게 빠르게'가 실제 프로젝트에 어떻게 적용되는지, 2017년 광고사례를 하나 이야기해볼게요. 사실 광고 영상을 만든다는 게, 만들어서 보여주기 전에는 어떤 게 터질지 어떤 게 망할지 확실히 알기 어렵습니다. 그래서 배달의민족은 일단 만들고, 보여주면서 반응을 봅니다. 반응이 좋으면 쭉쭉 더 밀고, 반응이 없으면 빨리 접습니다.

때는 2016년 겨울, 배달의민족은 '배민 할인한데이'라는 이벤트를 진행했습니다. 캠페인을 잘 알리기 위해 간단한 홍보영상을 만들어보자는 의견이 나왔어요. 유튜브 등 소셜미디어로 보여줄 생각으로 회사 내 마케터들과 영상디자이너들이 가볍게 쓱쓱 만들었습니다.

이 광고를 많은 사람들에게 보여주고 싶어서 유튜브뿐 아니라 TV 광고로도 해보려고 했는데, 우리가 가진 예산으로는 여력이 없었어요. 그래서 광고 길이를 줄여보기로 했습니다. 15초 광고를 3초로 줄여서 IPTV 시청자들에게 내보냈어요. 길이를 줄여서 회당 비용을 낮춘 만큼 더 자주 틀어보자는 의도였죠.

어느 날, 이걸 본 대표님이 와서 말했습니다. "3초 광고가 너무 급하게 후다닥 끝나는 느낌이에요. 3초를 활용하는 건 좋은데, 3초를 쓸 거면 처음부터 3초에 넣을 목적으로 잘 기획해서 3초다운 광고를 만들어봤으면 좋겠어요."

15초를 잘라서 3초로 만들자는 시도는 좋았지만, 영상의 완성도를 보자면 아쉬웠던 게 사실이었어요. 15초로 계획하고 만든 영상을 과격하게 편집해서 3초 안에 억지로 넣었으니까요. 3초 영역에 들어가는 광고라면 소재도 처음부터 3초에 맞게 기획해야 했던 거죠.

3초 안에 메시지를 전달하려면 장면도 딱 하나, 메시지도 딱 하나여야 합니다. 그 짧은 시간에 컷 전환이 된다든가, 메시지가 길거나 복잡하면 하나도 눈에 들어오지 않습니다. 하나의 장면, 하나의 메시지에 집중하자. 그렇다면 소비자들이 보기에 가장 강한 장면, 가장 강한 메시지는 과연 뭘까요?

3초 안에 승부를 보려면, 생각이 아니라 원초적 본능에 어필해야 승산이 있을 것 같았습니다.

"어이없게 치킨 튀기는 장면만 3초 동안 보여주면 어떨까요?"

대표님의 제안을 발전시켰습니다. 배고픈 사람에게 가장 자극적이고 참기 어려운 장면이 되겠죠. 소리와 화면의 질감을 맛있게 제대로 살리는 데 집중해서 만들어보자. 여태까지 본 그 어떤 장면보다도 식욕을 자극하게 만들어보기로 했어요. 그래서 그 음식이 가장 매력적인 순간을 집요하게 파고들었습니다. 치킨은 튀겨져서 막 올라올 때, 찌개는 보글보글 끓는 소리가 나고 날계란이 뚝 떨어질 때.

광고 역사상 최고 퀄리티의 시즐sizzle을 만들기 위해 최고의 촬영팀을 알아봤어요. 수소문 끝에 일본의 한 스튜디오를 소개받았습니다. 미리 작업 소개 필름을 받아봤는데 정말 신기하더라고요. 그들의 작업방식은 음식이 날아가거나 액체가 움직이는 등 모든 요소를 기계로 미리 세팅해두는 것입니다. 준비에 다소 시간이 걸리지만 원하는 장면을 정교하게 설계할 수 있더라고요.

이렇게 만든 영상 위에, 욕심 부리지 않고 딱 한 문장만 넣었어요.

'오늘은 치킨이 땡긴다'

'넌 지금 치킨이 땡긴다', '오늘은 치킨이 땡긴다' 등 몇 가지 넣어봤는데, 최종적으로 '오늘은' 시리즈로 밀고나가기로 했어요. '오늘은 치킨이 땡긴다', '오늘은 떡볶이가 땡긴다', '오늘은 피자가 땡긴다' 등 반복 노출에 집중하자고 결정한 거죠.

드디어 광고를 내보냈습니다. 처음에는 IPTV 3초 광고를 넣고, 반응이 좋아서 케이블용 15초 편집을 따로 만들어서 넣고, 이것도 반응이 괜찮아서 극장 광고로 확장했어요. 처음부터 판을 키울 생각은 아니었는데, 사람들의 반응을 보고 매체를 늘려 잡은 거죠. 영화 시작 전, 스크린에 집중하고 있는데 커다란 화면 가득 치킨만 튀겨지고 있으면 정말 압도되겠죠? 실제로 사람들이 극장광고 이야기를 많이 했습니다.

이 캠페인은 저희에게 광고 제작방식에 대해 다시 생각해보는 계기가 됐습니다. 처음부터 대형 캠페인을 만들자고 하면 힘이 잔뜩 들어가잖아요. 부담도 되고, 크리에이티브가 항상 잘 나오는 것도 아니고, 준비를 잘했지만 막상 열어보면 잘 안 될 수도 있고요.

이후 저희는 작은 캠페인을 계속해서 만들어가고 있어요. 캠페인 영상을 내놓고 반응이 좋으면 곧바로 막 늘리고, 아니면 바로 빼는 식으로 민첩하게 승부합니다. 다른 기업들을 보면 분기 반기 연간 단위로 캠페인을 계획하고, 효과가 있든 없든 일단 하기로 했으니 집행하는 경우가 많은데요, 저희는 짧게 던진 다음에 중간점

검하고 수시로 변경합니다.

그러다 보니 예산 계획을 맞추지 못하는 경우도 많습니다. 예산 항목을 새로 만들기도 하고, 예약해놓은 광고를 취소하기도 하죠. 실행하는 사람은 힘들지만 힘든 만큼 큰 효과가 있습니다. 마케터 여러분, 매체 담당하시는 여러분, 예산 담당하시는 여러분, 늘 고맙습니다.

'정해진 일'과
'정한 일'

일하다 보면 '이거 확정된 건가요?'라는 질문을 종종 받게 됩니다. 여러분도 자주 쓰시죠? 또, 메일을 읽다 보면 '정해진 건가요?', '하게 되었습니다', '결정되었습니다'라는 표현도 많이 나옵니다. 이 것들은 공통점이 있어요. 네, 수동태라는 거죠. 우리는 회사에서 이런 표현을 참 많이 씁니다. 이 수동태에 대해 이야기해보겠습니다.

회사마다 일하는 문화가 다 달라서, 어떤 회사는 정해져서 내려오고, 어떤 회사는 함께 정합니다. 무엇 하나가 옳다고 할 수는 없지요. 자기 회사에 맞는 방법을 자연스럽게 찾아가고 있을 겁니다. 단, 어느 경우가 됐든 이미 정해진 일인지 이제 정하는 일인지 분명히 하는 게 좋습니다. 결정된 일인데 여지가 남은 듯 말한다든지, 지혜를 더 모아야 할 사안인데 결정된 것처럼 마감해버린다든지 하는 일은 없어야겠죠.

정해져서 내려오는 일

정해져서 내려오는 일은 실행 효율이 좋습니다. 최선의 결정보다 최선의 실행이 더 중요한 회사들이 이렇게 많이 합니다. 결정한 사람은 책임을 지고, 구성원들은 정해진 범위 안에서 최선의 방법을 찾아 실행합니다.

때때로 구성원들이 정해진 내용에 공감을 못 할 때가 있는데요. 쉽게 말해서 '이거 왜 하는지 모르겠다' 싶을 때죠. 이럴 땐 일 잘하기가 참 힘들죠. 시키는 대로 그냥 하는 것도 방법일 수 있지만, 기왕이면 누가 왜 그렇게 결정했는지 이해해서 성취의 보람을 느낄 수 있으면 좋겠습니다.

잘하고 싶은 사람은 '왜'를 자꾸 물어봅니다. 시니어 마케터 혹은 조직장이 이 부분을 읽고 계시다면 '왜'를 물어보는 구성원을 눈여겨봐 주세요. 더 잘하고 싶어서, 더 즐겁게 하고 싶어서, 더 좋은 성과를 내고 싶어서 물어보는 걸 거예요. 난처할 수도 있고 귀찮을 수도 있지만, 중간 위치에서는 정해진 일들의 '왜'를 사원까지 공감하게 하는 역할이 중요합니다.

함께 정하는 일

작은 회사들은 정해져서 내려오는 일보다는 함께 정하는 일이 상대적으로 많습니다. 생각해보면 '정해진' 모든 것은 누군가가 '정한' 거잖아요.

그러니 정해진 것이라도 수동적으로 받아 적기만 하지 않고 완전히 동의하고 설득되거나, 아니면 설득해서 서로 납득할 만한 결론을 다시 정한다면 어떨까요. 그 결론은 더 이상 누군가에 의해 '정해진' 것이 아니라 우리가 '정한' 것이 될 겁니다.

결정된 이야기를 전하는 사람도 달랑 결과만 말할 게 아니라 누가 결정했는지, 어떤 배경에서 어떤 이유로 결정했는지, 그 결정에 대해 나는 어떻게 생각하는지 말해주는 게 좋습니다. 그리고 '당신 생각은 어때요?' 하고 물어봅니다. 그래야 듣는 사람도 의견을 말할 기회가 생깁니다. 듣는 사람과 말하는 사람은 질문과 대화를 통해 의견 차이를 좁히고, 결정을 수정하기도 합니다. 결정을 수정했다면, 이 결정은 전보다 나아진 거겠죠.

팀장님이
이런 배경에서
이런 이유로
이렇게 하자고 했어요.
　　OO 님 의견은 어때요?

물론 매번 이렇게 할 수는 없습니다. 시간도 많이 걸리고 애도 많이 쓰이는 일이니까요. 중요한 일부터 이렇게 합니다. 일을 시작할 때 '왜 하는지'와 '원하는 이상적인 결과'를 함께 이야기해봅니다. 이렇게 하면 참여하는 사람들 모두의 일에 가까워집니다. 모두가 공감하고 모두가 하고 싶어 하는 일이 될 수 있습니다.

어제 정한 것은 오늘 바꾸자, 내일은 더 많이 바뀔 테니까

계획은 세운 순간 과거가 됩니다. 실행은 지금 현재의 일이고, 결과는 미래의 일이죠. 과거에 세운 계획이 미래의 결과를 좌우하게 가만 놔둘 수는 없습니다. 미래의 결과를 위해서는 과거의 계획을 바꿔야죠. 어떻게 과거를 바꾸느냐고요? 현재의 실행을 바꾸면 됩니다. 그래서 실행에는 늘 변화가 따릅니다.

일하는 사람들에게는 반가운 소식이 아닙니다. 크리에이티브 구성을 바꿔야 하고, 디자인을 고쳐야 하고, 코드를 수정해야 합니다. 이유를 모른 채 자꾸 수정 명령만 떨어지면 그들은 마케터가 준비를 똑바로 못했다며 불평불만을 쏟아낼 거예요. 물론 협업도

긴밀해지기 어려울 겁니다.

그럼에도 우리는 계획을 수정해야 합니다. 협업하는 동료들의 불평이 무서워서 수정 없이 원안을 고수하면 안 됩니다. 우리는 실행하면서, 계획할 때는 몰랐던 것을 알게 됩니다. 생각했던 공간은 확보하기 어렵고, 그렇게 오래 걸릴 줄 몰랐고, 이렇게 추워질 줄 몰랐죠.

소비자도 변하고 환경도 변하고 우리 스스로도 변하는데 마케팅 계획만 변하지 않으면 필연적으로 뒤처질 수밖에 없습니다. 어제 정한 것이 뒤처지지 않도록 오늘 버전으로 계속 업데이트해야 합니다.

지금의 마케팅은, 특히나 스타트업의 마케팅 환경은 매일매일 달라집니다. 사람들의 관심사도 매일 달라지고, 경쟁자의 상황도 매일 변합니다.

그래서 결정을 조금은 가볍게 대하면 좋겠습니다. '지금 상황에서는 이게 가장 좋으니 일단 이렇게 가보죠' 정도로 말이죠. 오늘은 어제와 하루치만큼 다르기 때문에, 몰랐던 정보를 새로 입수할 수도 있고, 경쟁사가 먼저 다른 일을 했을 수도 있고, 사람들의 관심이 달라졌을 수도 있습니다. '어제는 이랬지만 오늘은 저렇습니다'라고 쉽게 말할 수 있어야 합니다.

어제의 팀장 생각보다 오늘의 팀원 생각이 나을 수 있습니다. 팀장이 '확정'하지 않고 '잠정적으로 합의'한다면, 오늘 팀원의 새로운 정보로 어제 팀장의 결정을 쉽게 바꿀 수 있습니다. 그래서 마케팅에는 많은 경우 '확정'보다는 '잠정적 합의'가 필요합니다. '정해진 일'은 '확정'에 가깝고, '정한 일'은 '잠정적 합의'에 가깝습니다.

마케터가 마케팅만 하고
디자이너가 디자인만 하면
결과물은 산으로 간다

마케터의 일은 대체로 마케터의 손에서 끝나지 않습니다. 마케터의 생각을 디자이너가 실현시키고, 개발자가 만들어냅니다.

우리는 각자의 위치에서 각자의 일만 해서는 안 됩니다. 우리는 순차적인 톱니바퀴여서는 안 됩니다. 저마다의 재능을 가지고 모인 한 팀이어야 합니다. 우리는 모두 축구장의 선수여야 합니다. 원래 맡은 포지션이 있지만 언제든 필요하면 자리를 벗어나야 합니다. 하나의 목표를 위해 할 수 있는 일을 해야 합니다.

어떤 회사에서는 마케터가 디자인에 대해 이야기하는 것이 금기이고, 디자이너는 기획에 대해 말을 하지 않습니다. 디자인 단계로 넘어가기 전에 모든 기획은 다 완료되어야 하고, 전달한 이후에는 변하면 안 됩니다. 마케팅 기획이 완료되어야 디자인이 시작되고, 디자인이 다 끝나야 개발로 갑니다.

이렇게 순차적으로 하면 일하는 사람의 몸은 더 편할지 모릅니다. 하지만 마케터가 디자인에 대해 말할 수 없고, 개발자가 마케팅 기획에 대해 말할 수 없으면, 결과물은 처음의 의도를 담아내지 못한, 목표를 달성할 수 없는 예쁜 쓰레기가 되기 쉽더라고요.

우리 일은 이어달리기가 아니라 함께달리기여야 합니다. 기획과 디자인과 개발은 처음부터 함께 가야 합니다. 이루고 싶은 목표에 공감하고, 그 목표를 달성하기 위해 각자 잘할 수 있는 일을 해가며 의견을 교환하고 서로의 일에 더 적극적으로 간섭해야 합니다. 일하는 사람은 더 스트레스 받고 힘들지 몰라도 그 결과물은 확실히 목표에 맞는 것이 됩니다. 소비자를 움직인다는, 일을 시작한 목적을 달성하는 거죠.

저는 가급적 서슴없이 서로의 영역에 간섭하는 것이 좋다고 생각합니다. 하지만 여기엔 요령이 필요하죠. 마케터가 소소한 것까지 관리받는 마이크로매니징을 힘들어하는 것만큼, 디자이너도 '여기 글씨 좀 더 크게요', '색은 좀 더 화사하게', '이거 좀 더 위로' 같은 피드백은 받아들이기 힘들어합니다. 소셜미디어에 떠도는 우스갯소리, 여러분도 많이 보셨죠?

만약 마케터가 '이 부분의 글씨가 좀 더 컸으면 좋겠다'고 생각한다면 이유가 있을 겁니다. 네, 목표죠. '이번 목표를 달성하기에 이것으로 충분한가? 아닌 것 같다'고 판단한 거잖아요. 그렇다면 디자이너에게 우리의 목표가 뭐였는지 말하고, 이렇게 하면 목표 달성이 될지 안 될지 고민을 이야기하면 됩니다. 고민을 공유하고 방법은 디자이너가 찾을 수 있도록 해주세요. 디자이너는 꼭 글씨를 키우지 않고도 색을 바꾼다거나, 무게감을 더한다든가, 위치를 옮기는 것으로 목표에 더 잘 맞는 안을 제시해줄 수 있습니다.

팀플레이입니다. 순차 진행이 아닙니다. 탱커, 딜러, 힐러가 함께 모여 던전에 가듯이, 스트라이커, 미드필더, 스위퍼가 모두 공 하나를 쫓듯이, 같은 목표를 향해 서로 밀고 당기면서 문제를 풀고 목표를 달성해버립시다.

피드백
소화하기

우리는 한 주에도 몇 번의 '보고'를 하고, 더 자주 '공유'를 합니다. 보고는 조직장에게, 공유는 동료들과 하죠. 보고하고 공유하면 어떤 식으로든 피드백이 돌아옵니다. OK 사인이 떨어지기도 하고, 질문을 받거나 보완할 부분 혹은 다른 의견을 듣기도 합니다.

보고의 피드백과 공유의 피드백은 엄밀히 보면 조금 다르므로, 받아들이는 요령도 약간 달라야 합니다.

보고에서 피드백은 결국 두 가지입니다. '알겠습니다. 진행해주세요'이거나 '이런저런 보완이 필요합니다. 검토해주세요'일 겁니다. 잘 듣고 소화해서 보완하거나, 조직장이 잘 모르고 결정한 게 있다면 추가 정보를 내놓아서 결정에 도움을 주는 게 좋습니다. 조직장도 시킨 대로만 하는 사람보다 일이 잘되도록 딴죽 걸어주는 사람이 반가울 겁니다.

공유의 피드백은 참고할 '의견'과 '정보'의 성격을 갖고 있습니다. 선임 마케터나 다른 부서 동료들에게 피드백을 듣고 미처 몰랐던 걸 알게 됩니다. 알고 나서 어떻게 보완할 것인가는 자신의 선택입니다. 안 바꿔도 상관은 없죠. 하지만 피드백을 받아들이는 이유는 일이 더 잘되게 하고, 좋은 성과를 얻기 위함입니다.

그렇다면 구체적으로 피드백을 어떻게 소화하면 좋을까요? 다음 세 단계로 나눠볼 수 있습니다. 받아 적기, 소화하기, 조율하기.

Level 1. 받아 적기 : 들은 그대로 하기

잘 듣는 것이 시작입니다. 어떤 마케터는 그냥 듣고, 어떤 마케터는 '잠깐만요' 하고 노트와 펜을 가져와서 적고, 어떤 마케터는 녹음을 합니다. 그 자리에서 이해하고 생각을 깨면 되는 피드백도 있지만, 하나하나 목록으로 만들어 체크해야 할 피드백도 있습니다.

듣고 나서, 가장 쉬운 방법은 시킨 대로 바꾸는 겁니다. 사실 이것조차 못하는 경우도 있지만, 이 단계에서 멈춰버리면 좀 아쉽습니다. 신입사원은 그럴 수도 있지만 여기에만 머무르면 시니어는 될 수 없거든요. 일을 통과시켜서 빨리 끝내고 싶다고만 생각하는 게 아니라면 피드백의 의도와 목표를 생각하고 자신의 답안을 찾아보는 게 좋습니다.

Level 2. 소화하기 : 피드백의 의도를 파악해 제안 추가하기

상대방이 왜 그런 피드백을 했는지 문장 뒤의 의미를 생각해봅니다. 이해가 잘 안 된다면 이유를 물어서 설명을 들어봅니다. 상대방의 마음을 이해하려고 해봅니다. 피드백은 결론보다 이유가 핵심입니다.

그런 다음 피드백을 수용해서 다시 자기 생각을 만들어내야 합니다. 조직장에게 보고한 내용에 대해 피드백을 받았다면 지시받은 대로 대안을 하나 만들고, 자신이 소화해서 발전시킨 버전 하나를 더 만들어봅니다. 결정권자는 잘 모르는, 실무자가 낼 수 있는 더 나은 대안 말이죠. 더 오래 고민하고 더 가까이에서 보아온 사람이 만들 수 있는 대안을.

마케터는 '너는 어떻게 생각해?'라는 물음에 답할 수 있어야 합니다. 자기 생각을 갖고 이야기하고, 설득할 수 없다면 철저히 설득 당해 보세요.

Level 3. 조율하기 : 자기 생각을 갖고 설득하기

공유의 경우, 두 사람에게 공유하면 두 가지, 세 사람에게 공유하면 세 가지 의견이 나오기 일쑤고, 심지어 전혀 다른 방향을 가리킬 수도 있습니다. 종종 있는 일이잖아요. 번번이 난처하죠. 기껏 의견 줬는데 무시하는 것처럼 보여 상대방이 서운해할 수도 있잖아요.

어려운 일이지만 조율을 잘하면 빛이 납니다. 설득에 대해서는 좀 더 이어서 이야기해볼게요.

경험과 입장이 같으면 설득은 저절로 된다

두 사람 이상이 모여 한 가지 일에 대해 이야기하면 반드시 의견 차이가 생깁니다. 의견 차이를 좁히기 위해 우리는 설득을 합니다. 사람들과 함께 결과물을 내기 위해서는 설득이 반드시 필요합니다. 협업에서 설득이란 가장 빈번하게 일어나는 기본적인 일이라 할 수 있죠.

설득은 때때로 쉽지 않습니다. 고집 센 사람도 있죠. 내 의견이 맞는데, 차근차근 이야기해도 통 먹히는 것 같지 않을 때가 있습니다. 말솜씨가 좋으면 설득이 더 잘되니 말솜씨 없는 사람은 억울할지도 모르겠어요.

하지만 말솜씨 없이도 설득하는 요령이 있습니다. 의견 차이가 생기는 이유에서 출발하는 거예요. 의견 차이가 생기는 이유는 크게 세 가지로 볼 수 있습니다. 경험이 달라서, 입장이 달라서, 그리고 취향이 달라서. 취향이 다른 건 인정하고, 나머지 두 가지, 경험과 입장 차이를 좁히면 설득은 훨씬 쉬워집니다.

1. 경험 차이를 줄이자

나와 상대가 다른 생각을 하는 첫 번째 이유는 나의 경험과 지식이 상대방과 다르기 때문입니다. 내가 이런 생각을 하게 되기까지 영향을 준 경험과 지식이 있을 거예요. 내가 알고 있는 것과 새롭게 알게 된 것을 상대에게 알려주고, 상대의 경험과 지식을 들어봅니다.

제 경험담 잠깐. 2017년 가을, 모델 장윤주 님이 배민찬 광고 모델이 되었습니다. 어느 날 장윤주 님이 나온 〈신혼일기〉를 보게 됐어요. tvN 프로그램 말이에요. 누가 '장윤주가 나와서 배민 얘기하던데?' 하길래 일부러 찾아본 거였는데, 배민을 언급한 부분도 물론 좋았지만 장윤주 님의 생활 자체가 배민찬이랑 너무 잘 어울리는 거예요. 바쁜 직업인이면서 리사의 엄마이면서, 일도 잘하고 싫고 가족도 잘 챙기고 싶어서 애쓰는 한 사람. 이 정도면 장윤주 님의 일상 일부를 그대로 떼어다 배민찬 광고로 쓸 수 있겠다는 생각이 들더라고요.

이 생각을 설득하기 위해 다짜고짜 '장윤주를 배민찬 광고 모델로 씁시다'라고 하지는 않았습니다. 대신 제가 본 방송 부분을 사람들에게 보여줬어요. 이어서 장윤주 님의 현재 생활을 제가 아는 대로 말했죠. "배민찬 광고 모델로도 잘 어울리겠는데요." 이건 제가 한 말이 아닙니다. 제가 설득하려던 사람들, 제 이야기를 듣고 있던 사람들이 한 말이에요. 설득하기도 전에 설득이 된 거죠.

2. 입장 차이를 줄이자

같은 일을 하는 사람 사이에도 입장이 다를 수 있습니다. 광고주와 대행사의 입장, 조직장과 실무자의 입장, 마케터와 디자이너의 입장은 차이가 있죠.

그런데 사실 이런 차이는 생각보다 크지 않아요. '고객의 입장'이란 걸 가져오면 말이죠. 고객의 입장에 비하면 우리는 모두 고객에게 서비스/브랜드를 제공하는 입장이잖아요. 우리 서비스를 사용해보고, 우리 브랜드를 좋아하고 사랑해줬으면 좋겠다는 같은 생각, 같은 목표를 갖고 있죠.

진짜 문제는 이 목표가 다를 때입니다. 다른 목표를 가지고 일하는 사람을 때때로 보게 됩니다. 누군가의 목표는 고객이 아니라 조직장의 결재를 통과하는 것이고, 또 누군가의 목표는 멋진 포트폴리오를 쌓는 것이고, 또 누군가의 목표는 위험하고 귀찮은 일 만 들지 않고 안정을 도모하는 것입니다. 이들은 자기의 진짜 목표를 들키지 않게 조심합니다. 이럴 때 우리는 '말이 안 통한다'고 느낍니다. 목표가 다르니까요.

고객을 공동목표로 두지 않으면 입장 차이를 좁히기 어렵습니다. 가장 중요한 공동목표를 다시 확인하고 목표에 집중하도록 해야 합니다. 그래도 목표가 고객이 아닌 구성원이 있다면, 그의 진짜 목표를 실토하게 만들고 중요한 자리에서 내보내야 합니다. 그게 당장의 프로젝트 하나보다 더 중요합니다. 앞으로 있을 회사의 많은 프로젝트에 계속 나쁜 영향을 미칠 테니까요.

3. 취향은 달라도 된다

어떤 차이는 그저 취향의 범주인 경우도 있습니다. 뭐가 취향의 차이인지 판단하는 게 때때로 어렵긴 하지만요. 대충 말하자면 소비자가 보기에 이것도 좋고 저것도 상관없는 것, 그런 게 취향의 범주죠. 취향엔 맞고 틀리고가 없는데 이걸 두고 내가 맞네, 네가 맞네 하고 있으면 답도 안 나오고 마음만 상합니다.

이때는 '맞다/틀리다'라는 단어를 쓰지 않는 게 요령입니다. 고객의 취향을 알 수 있다면 거기에 맞추면 그만이고, 잘 모르면 프로젝트에 가장 큰 애정을 갖고 있는 사람 마음대로 정해도 됩니다.

설득할 때에는 내가 그렇게 생각하기까지 알게 된 정보와 경험을 들려주세요. 우리는 고객에게 우리 서비스/브랜드를 어필하는 같은 입장이란 걸 상기해주세요. 취향의 문제는 논리로 풀지 말고 진짜 취향으로만 푸는 겁니다.

설득할 땐
확신 없이

누군가를 설득할 때에는, 내 생각이 확고하지 않은 편이 더 좋습니다. 이상하죠? 스스로를 믿고 논리를 철저히 준비해서 설득해야 할 것 같은데, 확고하지 않은 게 더 좋다니.

생각이 확고한 사람은 상대를 이해시키는 데에만 집중합니다. 자기가 옳으니까요. 상대는 틀렸고 무지하니까요. 하지만 '상대는 무지하다'를 전제로 하는 말에는 한계가 있습니다. 상대가 틀렸다고 전제하는 사람의 귀는 제대로 듣지 못합니다. 어릴 때 그런 경험 있잖아요. 서로 싸우다가 뜻대로 안 풀리면 두 귀를 막고 큰 소리로 자기 말만 하는 아이. 이거랑 비슷하지 않은가요?

'전에 해봤는데 안 돼. 절대 안 돼.' 저는 이런 표현을 좋아하지 않습니다. '말도 안 돼'라는 생각이 들어도 '그럴 수 있어'라고 말하는 게 좋습니다. 확신하는 순간 그 확신에 맞는 근거들만 모으게 되고, 확신과 반대되는 의견은 틀린 것으로 치부하고 '알아듣게 설득해야 할 대상'으로 여겨 일방적으로 주장을 발신하게 됩니다. 귀가 없어져요.

설득은 이해시키는 게 전부가 아닙니다. 설득의 절반은 이해하는 과정입니다. 이해하려면 여백이 필요합니다. 아직 마음을 굳히지 않은 공간 말이죠. 확고하지 않은 믿음이 필요합니다.

때로 내가 설득당해도 됩니다. 내 의견을 관철하는 건 중요하지 않아요. 우리의 해결책이 나아지는 것이 더 중요합니다. 마케팅은 계속 가능성을 높여가는 과정입니다. 확신할 것도 없고 열광할 것도 없습니다. 비난할 필요도 없습니다. 놀라울 일도 없어요. 단지 우리가 할 수 있는 것은 '이렇게 하면 더 잘될 것 같은데요', '이게 좀 더 나을 것 같아요' 정도입니다.

'맞다/틀리다'보다는
'좋다/나쁘다'라고 말하자

계획에는 여러 대안이 있고 의견은 늘 갈리게 마련입니다. 이렇게 하는 게 좋을지 저렇게 하는 게 좋을지 고민하지만, 막상 그중에 정답은 없잖아요. 마케팅 캠페인의 결과는 성공/실패의 이분법으로 나오지 않습니다. 조금 더 좋거나 훨씬 더 좋거나 아니면 나쁘거나 할 뿐입니다. 정답이 없기 때문에 '맞다/틀리다', '옳다/그르다'는 표현은 어울리지 않아요.

회의를 하다 보면 '이렇게 하는 게 맞아요?', '굳이 이렇게 해야 돼요?'라고 물을 수 있습니다. 그런데 이런 말을 들으면 '이건 틀렸어요'라고 하는 것처럼 느껴지지 않나요.

틀렸다는 말을 좋아할 사람은 없습니다. 자신의 안이 '덜 좋다'는 건 인정할 수 있어도 '틀렸다'는 건 수긍하기 어렵습니다. 그래서 내가 틀리지 않았음을 증명하기 위해 소모적인 논쟁이 벌어집니다. 표현의 사소한 차이지만 커뮤니케이션에는 큰 차이를 만들 수 있습니다.

질문을 바꿔봅시다. '이렇게 하는 게 맞아요?', '꼭 이렇게 해야 돼요?'보다는 '이게 최선인가요?', '이렇게 하면 좀 더 낫지 않을까요?'로.

어떤 매력은
능력이다

저는 좋아하는 사람이 있습니다. 그 사람이 잘됐으면 좋겠어요. 뭔가 잘 안 풀리는 듯 고민하고 있으면 왜 그런지 듣고, 도울 수 있다면 기꺼이 돕고 싶습니다. 그 사람의 이야기를 듣고 싶고 웃는 모습을 보고 싶습니다. 나도 그에게 좋은 사람이었으면 좋겠고, 의미 있는 사람이 되고 싶습니다.

우리는 좋아하는 사람이 잘되기를 바랍니다. 호감 가는 사람의 말을 더 귀 기울여 듣습니다. 친구의 말을 잘 믿습니다. 싫어하는 사람의 말은 괜히 트집을 잡기도 합니다. 싫어하는 사람에게만 '원칙대로' 엄격하게 적용합니다.

서로 좋아하는 것으로 많은 문제를 해결할 수 있습니다. 팀 구성원들끼리 서로 좋아하면 그 호감이 촘촘한 시스템이 되기도 합니다. 프로세스나 R&R이 놓칠 수 있는 빈틈을 메워줍니다. 서로 챙겨주기 때문이죠.

그래서 매력은 능력이 됩니다. 특히나 협업이 중요한 조직에서는 많이 아는 사람보다 매력 있는 사람이 더 소중합니다. 우리는 모두 매력 있는 사람이고, 매력을 더 갈고닦아야 합니다.

'매력이 능력'이라는 문장은 왠지 모르게 부정하고 싶은 느낌이 들기도 합니다. '예쁘고 잘생긴 사람이 일도 안 하면서 무임승차하는 것 아니냐', '사내정치 이야기 아니냐' 하면서요. 매력에는 예쁘고 잘생긴 것 말고 다른 것도 있어요. 물론 외모는 매력에 꽤 중요한 요소이지만 다행히 직장인의 매력, 동료의 매력에는 외모가 큰 영향을 미치지 않습니다. 외모 때문에 처음에 잠깐 호감이 생기기도 하지만 결국 우리가 동료를 좋아하는 건 다른 이유잖아요.

저는 매력 있는 동료의 조건으로 '믿음'과 '관심'을 꼽습니다. 사람은 나를 믿어주는 사람을 믿어요. 내가 먼저 대뜸 믿습니다. 믿을 만하지 않아도 믿습니다. 그리고 좋아합니다. 나를 좋아하는 사람은 어쩐지 나도 좋아하게 되잖아요.

함께 일하는 사람을 저는 좋아합니다. 좋아하는 것까지 일이라고 생각하고 좋아해요. 좋아하기 정말 어려운 사람도 가끔 있지만요. 그 사람이 좋아하는 것을 궁금해하고, 하려는 일에 관심을 가지려고 합니다. 사실 타고난 성격상 잘 못하는데 노력하고 있어요. 고민이 있을 때, 도움이 필요할 때 쉽게 말할 수 있도록, 기왕이면 말하기 전에 먼저 알아채고 먼저 손을 내밀 수 있도록.

성격 나쁜 동료와
일하는 법

도망가세요. 답이 없습니다.

부정적인 사람은 사람의 에너지를 갉아먹습니다. 인간은 잘 바뀌지 않고, 그를 미워하면 나만 힘들어요. 그 사람이 나에게 미치는 영향을 줄일 수 있게 멀리 떨어지세요.

동료들이 나와 일하는 걸 피한다면 나 자신이 '성격 나쁜 동료'는 아닌지 생각해보세요.

여러분이 조직장이라면 구성원들이 함께 일하기 꺼리는 이런 사

람은 팀에서 빼주세요. 망설이며 지체하는 시간만큼 팀 전체의 역
량을 해칩니다.

문서의
기술

이 책에서는 기술을 다루지 않겠다고 했지만, 잠깐 기술 이야기.

아무리 보고서가 없는 회사에서도 어떻게든 글을 쓰게 됩니다. 논의한 내용을 남기고, 그 자리에 없었던 사람들과 공유하기 위해서도 쓰죠. 간혹 말은 잘하면서 글쓰기를 어려워하는 사람이 있습니다. 그를 위한 팁.

글은 무조건 쉬운 게 좋습니다. 쉬운 걸 쉽게 쓰거나 어려운 걸 어렵게 쓰는 것, 이건 당연하죠. 그럴 수 있습니다. 그런데 쉬운 내용을 어렵게 쓰는 사람도 있어요. 있어 보이고 싶어서 어렵게 씁니다. 짧게 쓸 말을 괜히 길게 늘여 쓰고, 의미가 모호한 지시어나 읽는 사람이 알 수 없는 약자나 전문용어를 씁니다. 뭔가 숨기고 싶거나 자신 없을 때 대체로 길게 씁니다. 길게 늘여 쓴 문장 뒤에 숨지 마세요. 잘 쓴 글은 어려운 내용을 쉽게 전달합니다.

업무 메일 쓰기의 평범하고 사소한 기술

- 쉬운 말, 짧은 말을 씁니다. 있어 보이는 단어 말고 평범한 단어를 씁니다. '명일' 말고 '내일', '진행하도록 하겠습니다' 말고 '진행할게요.'
- 문장을 짧게 쓰더라도 조사는 생략하지 않는 게 더 좋습니다. 조사 생략한다고 글자 수가 많이 줄지도 않아요. 괜히 의미만 불분명해지죠. 글 쓴 사람은 조사가 없어도 이해하지만 처음 읽는 사람은 어떤 조사가 생략된 건지 알기 어렵습니다. 조사에는 의도가 들어 있고, 조사를 생략하면 의도가 불분명해집니다.
- 수동태 말고 능동태로 씁니다. 수동태는 자신 없거나 회피하는 것처럼 보일 수 있으므로, 꼭 필요한 곳에만 씁니다.
- 길면 요약을 붙입니다.
- 요청이 있다면 분명히 합니다. 따로 한 번 더, 밑줄도 긋고요.
- 읽는 사람의 환경을 생각합니다. 자리에 오래 앉아 있지 못하고 많이 이동하는 사람에게는 파일을 첨부하기보다는 메일에

직접 쓰는 게 좋습니다. 문서를 첨부해야 한다면 워드보다는 PDF가 읽기 편합니다.

- 시험 삼아 자신에게 먼저 보내고 확인해봅니다. 어떻게 보이는지.
- 읽고 나서 예상 질문을 해보고, 그에 대한 답도 덧붙입니다.

사과문의 기술

- 사과문은 단 하나의 목표, 즉 사과하고 용서를 구하는 것만 합니다. 읽은 사람이 이렇게 느껴야 해요. '너희가 잘못한 걸 아는구나. 내 마음이 얼마나 슬픈지/화났는지 알고 있구나. 뭘 잘못했는지 아는구나. 앞으로는 안 그러겠구나. 한 번은 용서할게. 또 그러지 마.'
- '나는 잘못 없어요, 억울해요' 하는 마음이 사과문에 들어가면 실패입니다. '네 잘못이 아니었구나, 오해해서 미안해'라는 반응은 결코 일어나지 않습니다.
- 가정법은 좋지 않습니다. '기분 나빴다면 미안합니다. 그럴 마음은 아니었어요' 같은 말들.
- 타이르지 않습니다.
- 사과문의 구성은 다음과 같습니다 : 사과한다 → 공감한다 →

무엇을 잘못했는지 쓴다 → 원인을 알리고 → 현재 조치 중인
내용을 밝히고 → 재발방지 대책을 제시한다.

PPT와 발표의 기술

- 발표라고 하면 반사적으로 PPT를 생각하는데, 발표의 본체는
이야기예요. PPT 쇼가 아닙니다. PPT는 도울 뿐, PPT 없이도
발표는 가능합니다.

- 물론 청중이 누구인지, 뭘 알고 뭘 기대하는지가 중요합니다.

- 가까운 동료에게 먼저 말로 해봅니다.

- 말을 대본으로 만들어봅니다.

- 반드시 목소리를 내서 리허설을 해봅니다.

- 말로 연습하면서 사진이나 표를 보여주는 편이 나았다면 그것
들을 보여주는 수단으로 PPT를 이용합니다. 주인공은 나, 주요
전달수단은 나의 말이고 PPT는 어디까지나 보조자료입니다.

- PPT를 읽는 사람이 되어선 안 됩니다.

- 발표는 재미있어야 합니다. 재미없는 발표는 어렵게 쓰여진 글
과 같아서 내용이 잘 전달되지 않습니다.

억울함에
대하여

마케터는 소비자에게 브랜드의 이야기를 대변하는 전달자입니다. 브랜드에 대한 애정도 크죠. 그래서 내 브랜드가 억울한 일을 당하면 마케터가 함께 억울해하다 일을 그르치는 경우가 있습니다. 그래서, 억울함에 대한 이야기.

억울함은 매우 강렬한 감정입니다. 사실이 아닌 일로 비난받을 때 우리는 말하고 싶어집니다, 강렬하게. 억울함이 너무 강하면 말도 못하고 뜨겁게 눈물만 납니다. 숨도 안 쉬어져요. '그건 사실이 아니다, 내가 이렇게 억울하다'를 증명하기 위해 목숨을 내놓는 경우도 적지 않죠. 참 안타까운 일입니다.

억울한 일은 개인뿐 아니라 브랜드에도 종종 일어납니다. 대중 정서상 개인과 기업 사이에 갈등이 생기면 사람들은 대개 개인 편을 듭니다. 때로는 기업의 잘못이 아닌 경우에도 말이죠. 억울함을 풀려고 이런저런 사실을 조목조목 말해도 듣지 않고, 들어도 믿지 않습니다. 이쯤 되면 담당자는 숨이 막히고 속이 까맣게 타고 머릿속이 윙윙거려 아무것도 할 수 없는 지경에 이릅니다.

억울함에 숨이 막혀가던 오래전 어느 날, 이런 글을 보게 되었습니다. '보왕삼매론'이라고 하는, 명나라 묘협 스님의 가르침인데요.

1. 몸에 병 없기를 바라지 말라.
2. 세상살이에 어려운 일이 없기를 바라지 말라.
…
10. 억울한 일을 당했을 때 해명하려 하지 말라.

억울한 일을 당해도 풀려고 하지 말라니 이 무슨 해괴한 주문이냐고, 몇 년이나 이 글을 받아들이지 못했습니다. 사실 지금도 받아들인 건지는 모르겠지만, 예전만큼 저 문장이 답답하게 느껴지지는 않습니다.

나쁜 사람 없고 잘못한 게 없어도 일은 종종 잘못됩니다. 특별히 잘한 게 없는데 운 좋아서 성공하기도 하는 것처럼, 아무런 잘못 없이도 잘못될 수 있는 것이 보통의 사람 일입니다.

하지만 우리는 일이 잘못되면 누구 잘못인지부터 찾아 따지게 됩니다. 내가 잘못한 게 없다면 다른 누군가의 잘못이 분명하니 그 사람을 찾아 나섭니다. 너의 잘못 아니냐며. 내 잘못 아니라고 방어하고, 타인에게서 잘못을 찾는 데 모든 에너지를 써버립니다. 자꾸 뒤를, 과거를 캐는 거예요. 그렇게 해도 해결되는 건 없죠. 애초에 아무의 잘못도 아니니까요.

억울한 일이 생기면, '그래서 이제부터 어떻게 하면 더 좋아질 것인가'를 먼저 생각해야 합니다. 억울한 마음에 상대를 미워하면 상대를 이해할 수 없게 되어버려요. 이해할 수 없는 상대는 설득할 수 없습니다. 우선 상대를 이해하려 합시다.

가장 먼저 할 일은 상대를 미워하지 말고 '상대는 어떤 이유로 그런 믿음을 가졌는지'를 아는 것입니다. 직접 이야기를 들으면 가장 좋죠. 이때 그 자리에서 내 억울함을 풀려고 해서는 안 됩니다. 시간을 두고 상대의 생각에 공감해봅니다.

다음은, '나의 어떤 점을 개선해서 더 나아지게 할 수 있는지'

찾아보는 것입니다. 그중 중요하고 급한 일부터 개선해가는 거죠.

가만히 보면 이 과정은 지금까지 이야기했던 마케터의 일, '왜' 하는지 이해하고, 최적의 '방법'을 찾고, '실현'하는 기본 프로세스와 같습니다.

브랜드가 성장하고 유명해질수록 억울한 일은 계속 생깁니다. 아무리 이 과정을 머릿속에 넣어두고 있어도 막상 억울한 일이 닥치면 숨이 막히고 가슴이 아리고 그렇겠지요. 우선 미워하지 않는 것부터 해봅시다.

쉽지 않다는 것 알아요.
저도 그렇습니다.

갑과 을,
각자의 역할

통상 '갑-을'이라 부르는 관계가 있죠. 과거에 회사 간 수직위계가 분명하던 시절에는 위아래를 뜻하는 말이기도 했는데, 요새는 '갑-을'을 'A-B'로 표현하는 회사도 있더군요. 수직위계의 폐해를 개선해보려는 좋은 노력입니다.

저는 대행사에도 있어보고, 큰 회사의 마케팅 부서에도 있어보고, 스타트업에서 일당백 마케팅을 하기도 했습니다. 다양한 입장에서 일해보니 이런 협업관계를 좀 더 입체적으로 이해할 수 있게 된 것 같습니다.

첫 회사는 브랜드 컨설팅 회사였습니다. '을'이죠. 지금 생각해보면 그때는 '갑' 회사가 굴러가는 원리를 전혀 몰랐던 것 같아요. 그럴 만합니다. 본 적이 없으니까. 그래서인지 제가 제시하는 해결책이 늘 현장에 닿지 못하고 종이 위에 머물러 있었던 것 같아 부끄럽습니다.

광고주, 갑 혹은 A가 알면 좋은 것

- 광고회사에 우리 회사의 나아갈 방향까지 맡기면 안 됩니다. 스스로 풀 일입니다.
- 무엇을 원하는지 충분히 깊게 잘 알려주고 공감을 이루어야 원하는 것을 더 잘 얻을 수 있습니다. 제한적인 정보만 제공하고 단편적인 심부름만 시키면 제한적이고 단편적인 결과만 돌아옵니다.
- 협력업체로 대우하면 협력업체가 되고 하청업체처럼 부리면 하청업체같이 할 겁니다. 아무리 잘 감시해도 피해가는 요령이 다 있어요.
- 태도는 중요합니다. '(광고)주님'이라 부르며 모셔준다고 진짜 주님이라도 된 것처럼 으스대면 바보입니다. 우스운 사람 되지 맙시다. 같은 회사의 옆 팀인 것처럼, 협력부서인 것처럼 대하는 정도가 좋습니다.

- 윤리도덕 이야기가 아닙니다. 이게 다 성과를 위해서입니다. 이렇게 하는 편이 더 성과가 좋아요.

대행사, 을 혹은 B가 알면 좋은 것

- 요청사항 뒤에 있는 진짜 이유를 확인해야 합니다. '배너 만들어주세요'처럼 앞뒤 없이 단편적인 작업만 요청하는 경우도 있는데, 진짜 이유를 모르고 시킨 대로만 하면 문제는 풀리지 않습니다. 문제가 안 풀리면 갑은 대행사가 못해서 그렇다고 생각하겠죠, 억울하지만.
- 입장이 다릅니다. 갑은 장기로든 단기로든 매출이 오르지 않으면 안 됩니다. 멋진 것으로는 충분하지 않아요. 매출에 긍정적 영향을 미쳐야 합니다.
- 설득해야 할 대상이 누구인지 알면 좋습니다.
- 뒤에서도 욕하지 마세요. 스스로 일의 태도에 영향을 미칩니다. 무식하고 답답한 광고주라고 생각하면 일하기만 더 힘듭니다.
- 발표에서 분석 부분은 여간 재미있지 않으면 얼른 지나갔으면 좋겠다고 생각합니다. 저만 그렇게 생각하는 게 아닐 거예요. 결론이 중요합니다.
- 신뢰를 잃으면 다 잃는 것입니다.

• 반대로, 당장 프로젝트 수주로 연결되지 않아도 신뢰를 심어줄 수 있다면 가까운 미래에 함께 일할 기회를 갖게 됩니다.

마케터의 실행력

- 준비 잘해도 실패할 수 있다. 원인을 따지는 것보다 수습이 우선이다. 작게 시작하고 짧게 보고 빠르게 수정한다.

- 결정된 일이든 함께 결정한 일이든 결정의 이유를 알고 공감하는 것이 중요하다.

- 마케터, 디자이너, 개발자가 서로의 영역에 적극적으로 참견하고, 같은 목표를 갖고 동시에 참여할 때 더 좋은 솔루션을 찾을 수 있다.

- 설득하고 싶은 주제가 있다면 자신이 왜 그런 생각을 갖게 됐는지 경험과 지식을 이야기한다. 내가 옳다고 확신할수록 설득은 힘들어진다. 설득당하는 것도 설득이다.

- 일 잘하는 마케터는 글도 잘 쓴다. 읽는 사람 입장에서 생각하고 쓰는 것은 마케터의 기본이다. 마케터라면 누구나 훈련을 통해 어려운 내용도 쉽게 전달할 수 있어야 한다.

- 함께 일하고 싶은 사람이 되어야 한다. 동료를 믿고 동료에게 관심을 가져야 한다. 이것도 일이고 능력이다. 팀은 개인보다 큰일을 할 수 있다. 똑똑하지만 같이 일하기 힘든 사람은 팀의 역량을 해친다.

4장

마케터의
리더십

팀원에게
지는 리더

제가 처음 팀장이 되었을 때를 가끔 떠올려봅니다. 잠깐 기쁘고 곧 오랫동안 힘든 시간을 보냈습니다. 저도 힘들었고 팀원들도 힘들었죠. 제가 늘 팀원들을 이기려 했거든요.

가르쳐주고 이끌어가는 게 팀장의 일이라 생각했고, 더 똑똑하고 나은 사람이어야 한다는 부담도 엄청났어요. 제가 팀원들보다 모든 면에서 월등히 나았다면 그런 부담이 적었을 텐데, 비슷비슷한 또래들 가운데 팀장이 된 거라 더 부담이 컸나 봐요. '내가 더 낫다는 걸 증명해야 한다', 그런 생각 때문에 말이죠.

그래서 팀원과 생각이 다르면 제 생각이 맞다고 증명하는 데 온 힘을 기울였던 것 같아요. 그게 뭐라고. 그 시절 저와 일했던 마케터들은 또 얼마나 힘들었을까요. 미안합니다.

그때의 저와 비슷한 어려움을 겪고 있는 분들을 종종 봅니다. 처음 팀장이 되고 나면 정도의 차이가 있을 뿐 다들 비슷한 일을 겪나 봐요.

당연하게도 누구나 틀릴 수 있고, 조직장 역시 예외가 아닙니다. 리더가 구성원보다 뭐든지 많이 알고 항상 옳아야 한다는 강박을 버리면 모두 행복하고 일도 잘돼요. 내가 먼저 '잘못했다', '거기까지 생각하지 못했다'고 인정하면 됩니다. 리더가 틀렸다고 인정하면 멤버들이 움직일 틈이 생겨요.

제가 소집하는 회의는 대체로 떠들썩하고 어수선합니다. 마케터들이 제게 막 말해요. 어떤 말을 할까 말까 별로 망설이지 않는 것 같아요. 저는 마케터들에게 쉬워 보이고 싶고, 그래서 일부러 더 허술한 척합니다. (사실입니다. 진짜 이만큼 허술한 거 아니에요!) 그래서 제 말에 틀린 게 있을 때 쉽게 '그거 아닌데요'라고 할 수 있도록이요. 리더가 틀린 걸 쉽게 받아들이면 우리가 틀릴 가능성이 점점 줄어듭니다.

팀원에게 지는 리더는 지시 대신 설명을, 명령 대신 부탁을 합니다. 팀원에게 지는 리더는 이야기를 많이 듣습니다. 충분히 듣고 판단합니다. 리더가 지면 팀이 이깁니다.

잘하는 일을
더 잘하게

처음 팀장이 되었을 때 이야기 하나 더.

그때 제 조직장님이 초보 팀장에게 좋을 거라며 책을 한 권 주셨는데 《First, Break All The Rules》라는 책이었습니다. 요즘은 《유능한 관리자》라는 제목으로 나오네요.

책을 주시면서 "내용 간단해. 사람은 원래 안 변해. 못하는 걸 보완해주려 하지 말고, 그냥 잘하는 걸 시켜라~ 그게 책 내용 다야. 읽지 마"라고 하셨어요. 그러면서 책은 왜 주셨나요.

함께 일했던 마케터 중에 오타를 많이 내는 사람이 있었습니다. 제가 그랬어요. '보고서랑 숫자는 오타 내면 안 돼.' 숫자에 오타가 나면 의미가 크게 달라지니까요. 보고서에 오자가 있어도 곤란합니다. 저만 보는 거면 그냥 제가 이해하면 되는데 잘 모르는 사람들도 보니까요. 다른 사람들은 저처럼 이해해주지 않고 보고자가 형편없다느니, 이 문서는 신뢰할 수 없다느니 할 테니까요.

그때 제가 오타에 더 집중했다면 그는 오타 교정에 꽤 신경 썼을 테지만, 그랬어야만 더 멋진 일을 하고 더 좋은 결과를 만들었을 텐데 하는 아쉬움은 없습니다. 잘하는 건 잘했고, 못하는 것도 있었을 겁니다. 그가 잘하는 것만 보고, 거기에 맞는 역할을 하도록 해주었습니다. 그가 잘 못하는 건 저와 다른 마케터들이 하고요.

얼마 전, 저희 마케터들은 단체사진을 찍었습니다. '오버워치' 게임 포스터를 배경으로요. 뜬금없죠? 우리 마케터들이 오버워치에 나오는 영웅들 같다는 이야기를 하다가 사진 찍는 데까지 흘러갔는데요. 게임에는 힘도 세고 빠르고 영리하기까지 한 만능 캐릭터는 없잖아요. 앞장서서 적의 공격을 막아주는 캐릭터도 있고, 후방에서 원거리 사격으로 지원해주는 캐릭터도 있고, 공격력은 없지만 같은 편을 치료해주는 캐릭터도 있죠. 각자 서로 다른 재능이 있고, 자신의 재능에 맞는 역할을 하면서, 부족한 건 동료들이 메워줍니다.

조직장인 저도 당연히 부족한 부분이 많습니다. 제가 잘하는 걸 좋게 봐주는 사람과는 일을 잘하고, 저의 부족한 부분에 집중하는 사람과는 잘 못합니다. 그래서 지금까지 일하는 동안 때로는 일 잘하는 사람이었고, 어떤 때는 일 못하는 사람이기도 했습니다.

이 말은 곧 내가 함께 일하는 동료들에게서 무엇을 보느냐에 따라 그들이 일 잘하는 사람이 되기도, 못하는 사람이 되기도 한다는 뜻 아닐까요. 저는 장점에 집중합니다. 드림팀을 구성하는 것은 조직장이 구성원의 장점을 보느냐 아니냐에 달려 있는 것인지도 모르겠습니다.

조직장의 가장 중요한 역할은 구성원들이 잘하는 일을 알고, 그에 어울리는 일을 할 수 있게 해주고, 일하고 싶게 하고, 잘할 수 있게 지원해주는 것이라고 생각합니다.

부지런은 좋고
바쁨은 나쁘다

초보 팀장이었던 시절 이야기 하나만 더.

제가 처음 팀장이 됐을 때 가장 먼저 달라졌다고 느낀 건 메일함이었습니다. 갑자기 메일이 쏟아지는 거예요. 장마철 비처럼 주룩주룩 쏟아지는 느낌이었어요. 읽는 속도보다 쌓이는 속도가 더 빠른 것 같았어요. 이 충격에 한동안 정신을 못 차렸습니다. 놓친 메일이 있을까 봐 늘 전전긍긍했어요. 일과시간에는 연속된 미팅에, 미팅이 없을 때에는 다시 메일에 쫓기며 살았습니다. 메일을 꼼꼼히 확인하기 위해 남들보다 일찍 출근하고 늦게 퇴근하며, 무슨 일이 어떻게 돌아가고 있는지 이해하고 적절한 답신을 쓰는 데 하루를 다 보냈습니다.

부지런은 좋지만 바쁨은 나쁩니다. 조직장이 이어지는 미팅과 쏟아지는 메일에 허덕이고 있으면 팀원들은 말 붙이기도 미안하고 조심스러워집니다. 혼자 알아서 하게 되고 상의는 줄어듭니다. 상의할까 말까 검열하게 됩니다. 목적에 어긋난 방향으로 프로젝트가 진행되어도 한참 후에 알게 돼요. '나 지금 바쁘니까 나중에 들을게요', 이런 말을 듣는다면 팀원은 할 말 안 할 말을 엄청 고르겠죠.

사소한 이야기라도 할까 말까 망설이지 않도록 조직장은 한가하고, 문턱이 없고, 허술하고, 쉬워 보이는 게 좋다고 생각합니다.

바쁘면 급한 일에 밀려 정작 중요한 일을 못하게 되기도 합니다. '난 열심히 했는데, 일이 너무 많아서 잘 못 챙겼어' 하고 억울한 마음도 들 수 있습니다. 주니어는 아무리 부지런해도 바쁠 수 있어요. 일의 양을 스스로 조절하는 데 한계가 있죠. 하지만 조직장은 일의 양을 조절하는 것도 일이고 능력입니다. 누구 탓을 할 수 없습니다. 바쁜 일에 밀려 중요한 일을 놓치지 않도록 최소한의 여유를 유지해야 해요. 위임할 수 있는 일은 위임하고, 몰라도 되는 일은 적극적으로 몰라야 합니다. 중요도가 가장 낮은 일들을 찾아 중지시켜야 합니다. 파트 5명, 팀 10명, 실 20명이 하고 있는 일을 다 알 수도 없고 알려고 해도 안 돼요. 사소한 일들을 속속들이 파악하는 동안 정작 중요한 일을 하지 못할 테니 말이죠.

디테일까지 챙기는 것은 물론 중요합니다. 하지만 이 말은 조직장이 하나하나 다 결정하고 모두 외우고 있어야 한다는 뜻이 아닙니다. 중요한 일은 디테일을 직접 챙기고, 나머지 많은 일들은 끝까지 챙길 수 있는 사람에게 믿고 맡겨야 해요. 믿고 맡길 수 있는 사람을 키워야 합니다. 성장시켜야 합니다. 적절한 질문을 하고 답을 하면서 서로의 생각을 맞춰가야 해요.

초보 팀장 때는 이런 걸 몰랐어요. 지금의 내가 그때의 나에게 조언한다면 메일에 빠져 허우적대지 말라고 하고 싶습니다.

지금의 저는 업무시간을 이렇게 씁니다.

• 대표님, 관계부서 임원들과 회사 일에 대해 이야기하기
• 무슨 일을 새로 만들지, 뭘 그만둬야 할지, 무엇이 정체돼 있는지 중요도와 우선순위 챙기기
• 프로젝트 각각의 '왜'를 공유하고 목표에 맞게 진행되는지 방향 챙기기
• 팀원들의 성장을 챙기고 일 잘할 수 있는 환경을 만들며 인사

등 사람문제 해결하기

- 고객들은 요즘 뭘 보고 듣는지 공감하고 살피기
- 강연 혹은 다른 회사 CEO나 마케터들과 만나기

이건 제 얘기이고요, 여러분의 시간은 어떻습니까?

아마 이 책을 읽는 분들은 바쁠 겁니다. 일을 잘하고 싶고 자신의 브랜드에 애정이 있는 마케터일 테니까요. 바쁘지 않기를 바라는 것도 이상하죠. 바빠야 재미있습니다. 다만 바쁜 티가 나지 않게 하는 거죠. 허우적대는 것처럼 보이지 않으면 여러분은 더 많은 이야기를 들을 수 있고, 더 많은 기회를 만나게 될 겁니다.

게으른 조직장이
되고 싶다

　조직마다 문화가 다르고, 각자 다른 스타일의 리더십을 가진 훌륭한 조직장이 많습니다. 타이트하게 관리하는 부지런한 조직장의 방법 역시 존중합니다. 하지만 저는 역시 게으른 조직장이 되려고 합니다.

　'게으르다'는 것은 팀원들이 스스로 하도록 만들어준다는 뜻입니다. 큰 결정만 하고, 일의 목표에 맞게 제대로 가고 있는지 가끔 확인하고, 목표에 맞는 적절한 리소스를 결정하는 일만 하고, 나머지 작은 결정은 함부로 하지 않으려고 합니다. 의견을 구할 때에만 '이건 그냥 내 의견' 정도로 말하려고요. 작은 결정도 조직장이 다 하고 하나부터 열까지 다 챙기면 팀원들이 스스로 생각을 못하게 됩니다. 결정할 수 있어야 더 많이 생각합니다.

마케터에게 가장 힘든 일은 어떤 것일까요?

저는 이유를 말해주지 않는 일, 방향에 공감할 수 없는 일이 힘 듭니다. 일의 배경과 목표를 알면 방법을 챙길 수 있지만, 앞도 뒤 도 없이 방법만 챙겨달라고 하면 일을 잘하기 어렵습니다. 목표가 뭔지 모른 채로 하는 일은 불안하고, 여러 가지 해결방법을 찾아 내더라도 어떤 게 더 나은지 판단하기 어렵습니다. 일 시킨 사람은 만족하더라도 말이죠. 실행하면서 시시각각 변하는 상황에 대응하 기도 어렵습니다. 목표가 무엇인지, 어떤 결과를 내야 하는지 모르 면 그래요.

택시 기사가 어디 가는지 왜 가는지 모른 채 옆자리 손님에게 '전진, 멈춰, 빨리, 천천히' 등의 단편적 지시만 계속 받고 있으면 일단 피가 말라서 목적지까지 못 갈 것 같고요. 운전수의 제안을 듣는 것보다 빠르고 편한 길로 갈 것 같지도 않죠. 하지만 손님은 딴에는 열심히 노력했고, 지혜를 다 내서 지시했고, 쉬지 않고 내 내 경로를 체크했고, 책임을 다했다고, 심지어 자기가 잘해서 더 편하게 빨리 왔다고 생각할지도 모릅니다.

길 위에서는 이런 경우가 별로 없지만, 회사에서는 종종 일어납니다. 자신이 너무 유능하다고 믿어서 그러기도 하고, 더러는 설득할 자신이 없어서 그러기도 합니다. 자신도 모르게 '내가 윗사람이니 내 결정대로 따르라'고 권위로 밀어붙입니다. 배너 만들어, 쿠폰 프로모션 해, 카피는 이렇게 고쳐, 페이스북 문장은 저렇게 고쳐. 이런 식이니 팀원들도 동기부여가 안 됩니다. 그래서 조직장 뜻대로 못 따라오면 이번에는 '주인정신이 없어서', '정신을 못 차려서' 그런다고 질책합니다.

상사의 의중을 모르겠는데 그 와중에 상사가 자꾸 고치고 작은 것까지 다 결정하면 팀원은 고객이 아니라 상사의 마음에 맞추게 됩니다. 상사 한 명의 창의력과 판단력 이상으로는 일을 할 수 없게 되는 거죠. 팀원은 10명인데 두뇌는 하나뿐이고 손만 20개인 거예요. 네, 물론 무조건 나쁜 것만은 아닙니다. 이런 방법이 맞는 일도 있어요. 팀원들이 각자 생각할 필요 없이 일사불란하게 손만 늘어나면 되는 일에는 잘 어울립니다. 하지만 두뇌를 늘리고자 하는 일에는 재앙입니다.

마이크로 매니지먼트로 관리되는 팀원들은 점점 시키는 대로만 하게 됩니다. 일이 잘못 굴러간다고 느껴도 그대로 놔둘 겁니다. 자기 책임 아니고, 나를 힘들게 하는 상사의 책임이니까요. 다른 의견을 냈다가는 잔말 말고 시킨 대로 하라는 핀잔만 돌아오거나 보람없이 일만 늘어날 뿐이니까요. '자발적으로 좀 해, 주인의식을 가지고'라는 말을 들으면 귀를 닫고 머리를 꺼버리고 싶을 겁니다. 할 수 있는 게 없는걸요. 팀원들이 말하지 않는 조직은 위험합니다.

함께 일하는 협업부서들이 저희 팀 때문에 놀랄 때가 있어요. 마케터들이 '이사님께 여쭤보고 알려드릴게요' 하지 않고 그 자리에서 '좋아요, 그렇게 하시죠' 하고 진행한다고. 배민 치믈리에 자격시험 행사를 준비하면서도 저는 큰 결정만 했어요. 행사의 세부사항은 실무자들이 다 결정하고 진행했습니다. 시험시간, 문제, 사전행사, 스태프 의상 등에 저도 의견은 냈지만 실무자들이 제 의견대로 하지 않은 것도 많았어요. 제 의견은 참고만 하고 그들이 더잘 결정하는 거죠. 현장에 더 가깝고 더 오래 생각한 사람들의 의견이 대부분 더 잘 맞는다고 생각합니다.

이처럼 저는 주로 일을 만들어내고, 일을 잘해낼 경우 우리가 달성할 목표를 제시하고, 목표한 대로 잘 가고 있는지 확인하는 역할을 합니다. 아, 일을 없애는 일도 하고요. 안 해도 될 일을 구분해서 하지 않는 것도 중요한 일이라고 생각해요.

무엇보다 제가 팀원들에게 해줄 수 있는 최선의 일은, 실행과정에서 생기는 작은 결정을 그들이 내릴 수 있게 해주고 책임은 제가 지는 거라고 생각합니다. 이런 문화를 지키기 위해 팀원들은 최선을 다합니다. 감시하고 혼내고 다그치는 것보다 스스로 최선을 다하고, 지켜나가고 싶은 조직을 만드는 쪽이 성과도 좋고 행복하다고 믿습니다.

이렇게 계속하다 보면 제가 한두 달쯤 없어도 티 안 나고 잘 돌아갈 수 있는 조직이 되지 않을까요. 제 꿈이기도 하고요. 저희 대표님도 두 달간 휴가를 다녀오면서 "역시 제가 없으니까 일이 더 잘 돌아가네요"라고 하셨는데, 농담처럼 했지만 사실은 진담인 것 같아요.

일이
재미있다고?

"배달의민족 마케터들 보면 다들 재미있게 일하는 것 같던데 비결이 뭐예요?"

종종 듣는 질문인데요, 저희 마케터들이 소셜미디어에 올리는 회사생활이 재미있어 보이나 봐요. '아니, 회사가 재미있다니, 느슨해서 그런 것 아니냐, 편하게 놀아서 그러는 거 아니냐' 생각하시는 분도 물론 있을 겁니다. 늘 긴장해 있고 날카로운 분위기여야 잘되는 일도 있겠죠. 하지만 저는 재미있게 일해야만 닿을 수 있는 경지도 있다고 생각합니다.

재미있는 일은 시키지 않아도 합니다. 재미있는 놀이에 시간 가는 줄 모르죠. 맛있는 건 먹지 말라고 해도 먹고, 좋아하는 사람은 보지 말라고 해도 쳐다보게 돼 있습니다.

재미있는 일은 더 잘하고 싶어집니다. 저는 고등학생 시절에 친구들 따라 당구 한 번 쳐보고는 폭 빠져버렸어요. 공책을 펴면 당구대처럼 보여서 어느새 대각선을 그리고 있고, 자려고 누우면 천장이 당구대 같아서 눈으로 공이 가는 길을 그렸어요. 잠도 안 오더라고요. 책도 찾아보고, 모눈종이에 입사각 반사각 정리해가며 열심히 공부했습니다. 이렇게 재미있는 건 누가 감시하지 않아도 참 철저하고 꼼꼼하게 끝까지 해요.

일이 재미있으면 재미와 스트레스를 동시에 느낍니다. 잘하고 싶을수록 '잘못되면 어쩌지' 하는 걱정도 커지죠. '이 정도면 됐어'라고 할 수 있는 기준점도 높아집니다. 누군가의 일을 대신 해주는 것도 아니고 내 일 내가 하는 건데 대충 할 수 없죠. 극도의 스트레스를 안고도 계속 더 잘하고 싶은 건 재미와 즐거움이 더 크기 때문일 겁니다. 이건 감시와 질타로는 닿을 수 없는 경지라고 생각해요. 열심히 하는 자가 즐기는 자를 따라올 수 없다고 하잖아요.

만약 배를 만들고싶다면
사람들을 불러모아 목재를 마련하고
임무를 부여하고 일을 분배할것이 아니라
그들에게 무한히 넓은 바다에 대한
동경을 불러줘라. - 생텍쥐페리

이 말이 정말 맞는 것 같아요.

재미있게 하려면 하고 싶어야 한다

해야 하는 일이 아니라 하고 싶은 일이어야 합니다. 저는 강제로 일을 할당하지 않습니다. 프로젝트를 새로 만들 때마다 마케터들에게 일의 배경과 목표를 알려주고 하고 싶게 만듭니다. '저요! 제가 할게요!' 하고 손들도록 말이죠. 이게 되냐고요? 됩니다. 일 안 하면 뭐해요, 심심하기만 하지. 좋아하는 동료들이 자기 하고 싶은 일에 몰두해서 달리고 있는데 혼자 할 일 없으면 그것도 괴롭잖아요. 자신에게 잘 맞는, 동기부여가 잘되는 일이다 싶으면 얼른 손들고 합니다.

재미있게 하려면 결정할 수 있어야 한다

노는 것도 하고 싶을 때 하고 싶은 만큼 놀아야지, 그렇지 않으면 재미가 없습니다. 노래방도 가고 싶을 때 가야지 누가 시켜서 노래 부르면 재미없잖아요. 아니라고요? 저는 그렇습니다만….

일을 할 때에도 많은 부분 스스로 결정할 수 있어야 재미있습니다. 그래서 저희는 프로젝트 담당자를 '대장'이라고 해요. 일반적인 용어로는 PM(프로젝트 매니저) 같은 거죠. 대장은 프로젝트에 대한 관심, 취향, 적극성 등을 반영해서 정합니다. 배민 치믈리에 자격시험은 큰 프로젝트였는데 4년차 마케터가 적극적으로 손들어서 대장을 맡았어요. 대장이 되면 프로젝트의 많은 부분을 결정합니다. '왜 하는지'와 '목표' 말고는 대부분을 결정해요. 대장은 스스로 부대장을 선임하고 함께 상의하며 일을 진행합니다.

재미있게 하려면 무대의 주인공이 되어야 한다

대장 스스로 커뮤니케이션하고, 프로젝트를 이끄는 주인공이 될 수 있도록 조직장은 뒤에서 밀어줍니다. 조언해주고, 막힌 곳 뚫어주고, 묶인 곳 풀어줍니다. 저를 통하지 않고 대표님과 이야기해도 무방합니다.

조직장의 가치는 정보를 틀어쥐고 보고를 대신하는 데 있지 않습니다. 이끄는 팀이 회사와 같은 방향을 보고, 회사의 문제를 풀고 회사에 기여하게끔 하는 데 있죠. 조직장은 더 가치 있는 일을 더 낫게 할 수 있는 조직으로 성장시켜야 합니다.

회사의 본질은 일이고, 결국 일이 재미있어야 합니다. 신나게 하는 일이 더 잘됩니다. 재미를 줄 수도 빼앗을 수도 있는 사람은 조직장입니다. 조직장이 잘해야 일이 잘 돌아갑니다.

피드백하는
기술

처음 회사원이 된 저에게 신기하게 들렸던 단어는 다름 아닌 '피드백'이었습니다. 피드백feedback. 사실 알고 보면 '어떤 일에 대해 서로 의견을 나누는 것'일 뿐인데, 피드백이란 단어가 왠지 모르게 무섭게 생겨서 더 어렵게 느꼈는지도 모르겠습니다.

피드백은 주기도 하고 받기도 하죠. 피드백할 때를 생각해보면, '이 부분 틀렸는데', '아쉬운데', '이만큼밖에 안 되는 건가' 싶다가도, '이렇게 이야기하면 속상할 텐데', '관계가 틀어질 텐데' 걱정스러워 솔직하게 말하지 못할 때도 있습니다.

반대로 피드백을 받을 때는 종종 억울합니다. '고민이 부족한 것 같아요', '이거 가볍게 생각하시면 안 돼요', '본인 돈이라도 이렇게 쓸 거예요?' 이런 말을 들으면 반사적으로 '아니?', '아닌데!'가 나오죠. '나 고민 많이 했는데, 무겁고 중요한 일로 생각하고 있는데, 남의 돈이라고 막 쓰자는 거 아닌데!'

이렇게 '아니'라는 대답이 고개를 들면 그다음 이야기는 잘 들리지 않죠. 마음이 상하면 이성이 순간 마비되기도 하고, 싫은 말은 심리적으로 더 받아들이지 않게 되기도 합니다. 그럼 공통의 목표도 달성하기 어렵겠죠. 그러니 부정 말고 긍정의 말로, 수용의 감정을 만들어야 합니다. '아니' 말고 '응'을 이끌어내는 피드백의 기술 몇 가지를 이야기해볼게요.

일에 대해 이야기한다, 사람 말고

우선 일과 사람을 분리해야 합니다. 일의 부족함을 말하는 것이 자칫 사람에 대한 공격처럼 느껴지지 않게 해야 합니다. 가장 기본적이고 중요한 것인데도 의외로 잘 못하는 일이기도 합니다.

이런 말은 도움이 안 됩니다. '고민을 별로 안 하셨네요', '가볍게 생각하네', '이만큼밖에 못하나', '요즘 신경을 다른 데 쓰나 봐요', '일하는 게 재미없나요?' 이런 말들. 모두 '사람'을 향해 있는 독설

죄는 미워하되
사람은 미워하지
말라

입니다. 사람에 대한 공격이에요. 듣는 사람이 반사적으로 '아니!'
라고 반응하게 만듭니다.

피드백을 받는 사람도 마찬가지로 일과 자신을 분리해야 합니
다. 일에 대해 지적받는 것을 자신이 공격받는 것으로 여기면 곤란
해요. 방어적이 되고 자존심도 상합니다. 저 사람이 나를 형편없이
보는 게 아닐까 걱정되기도 하죠.

유능한 사람이 한 일도 초안은 늘 부족합니다. 구멍이 많아요.
피드백을 통해 보완하면서 발전해갑니다. 부족한 건 당연한 일이
고, 부족한 부분을 발견해서 의견을 주는 건 고마운 일이에요.

목표에 맞는지 확인한다, 결과물 평가 말고

카피를 포함한 모든 글에는 목표가 있습니다. 목표가 무엇이었
는지 확인합니다. '이 카피의 의도는 뭐예요?', '그럼 이 카피는 목

표를 달성할 수 있나요?', '제삼자인 고객이 봐도 그렇게 느낄까요?', '고객은 어떤 상황에서 이 카피를 보게 되나요?', '그 상황에서도 똑같이 느낄까요?', '그래서 우리 의도대로 고객들이 움직여줄까요?' 같은 질문들입니다. 일의 목표에 대한 거죠.

앞으로 어떻게 할지 먼저 생각한다, 누구 잘못인지 말고

일에는 때때로 문제가 생깁니다. 실패는 언제든 일어날 수 있습니다. 실패는 실패 이후가 중요합니다.

어떤 일이 한 사람의 재능만으로 잘되지 않듯이 어느 한 사람의 잘못으로만 일이 어긋나지 않습니다. 못 본 동료도 있고, 모르고 승인한 조직장도 있습니다. 아마도 중간에 바로잡을 수 있는 기회가 몇 번 있었을 겁니다.

누구의 탓이었는지 판별하는 것보다 더 중요하고 시급한 일은 문제의 현상을 파악하고, 앞으로 해야 할 일을 찾는 것입니다. 무엇을 어떻게 고쳐서 문제를 해결할지 방법을 찾고 실행하다 보면 그 과정에서 경험치가 쌓입니다. 이 경험으로 다음에 같은 일을 할 때, 같은 잘못을 반복하지 않도록 하면 됩니다.

잘못한 사람이 무엇을 왜 잘못했는지 아는 경우에는 격려해주면 됩니다. 당사자가 뭘 잘못했는지 모를 때, 그때는 무얼 어떻게 잘못했는지 알게 해줘야 합니다.

의견인지 의사결정인지 분명히 한다

피드백을 받으면서 가장 곤란할 때가 팀장님 피드백과 실장님 피드백이 다를 때라면서요? 피드백 받는 사람이 헷갈리지 않게 하려면 피드백을 줄 때 '의견'인지 '의사결정'인지 분명히 해주는 게 좋습니다. 의견이면 참고하고, 의사결정이면 따르면 되니까요.

나의 감정에 대해 이야기한다, 너 말고

앞의 것들을 다 지켜서 피드백해도 서운한 마음이 들 수 있습니다. 사람의 감정이란 참 미묘한 거잖아요. 이럴 때에는 '네가 잘못했어'보다는 '나는 이렇게 느꼈어'라고 표현하는 것이 하나의 요령입니다. '네가 그렇다는 게 아니고, 나는 그렇게 느껴진다'고. 사람을 평가하지 않는 거죠.

어떤 사람을
뽑나요?

어쩌다 보니 저는 오래전부터 면접관으로 인터뷰할 기회가 많았습니다. 하지만 아무리 많이 했다 해도 짧은 인터뷰로 사람을 판단하기란 여전히 참 어렵습니다. 그럼에도 해야 하는 일이죠. 아주 아주 중요한 일이기도 하고요.

처음에는 저 사람의 마케팅 경험과 지식이 얼마나 풍부한지를 판단하려고 했습니다. 마케팅 문제를 풀어가는 능력도 보고요. 논리력도 보고, 문서작성 같은 것도 보고.
그러다 점점 우수한 실력 말고도 다른 것들을 많이 보게 되었습니다. 성장하는 힘이 있는지, 팀에 어떻게 기여할 사람인지 등이죠.

우수한 실력자를 찾아내는 것이 아니라 우리 팀에 필요한 부분을 가진 사람인지, 우리 팀원들과 잘 어울려 노는 그림이 그려지는지, 어쩌면 인터뷰라기보다는 관상과 궁합을 보는 것 같기도 합니다.

'배달의민족은 어떤 사람을 뽑나요?'라는 질문을 종종 받고 그때그때 대답하다 보니 저도 몰랐던 저의 기준을 알게 됐습니다. 배달의민족의 기준은 아니고, 마케터를 보는 제 기준입니다. 저는 이런 사람과 함께 일하고 싶습니다.

배달의민족을 좋아하는 사람

내가 좋아하는 것, 내가 좋아하는 가수, 내가 좋아하는 배우를 다른 사람도 좋아했으면 하지 않나요? 누가 시키지 않아도 막 알리고 싶고, 남들에게 소개하면서 눈이 반짝거려지는 그런 것 말이에요. 마케터가 자기 브랜드에 대해 이야기할 때 기쁘고 행복했으면 좋겠어요. 좋아하는 브랜드의 일을 해야 더 잘할 수 있습니다.

일을 좋아하는 사람

이상한가요? 일을 좋아하는 사람이라니. 그런데요, 있습니다, 일을 좋아하는 사람. 우선 제가 그렇고요. 함께 일하는 마케터들도 대부분 일을 좋아하는 사람들입니다. 제대로 목표를 잡아내고 함께 방법을 찾아내고 변화를 만드는 일 자체를 즐기는 거예요. 동료들과 일하는 게 정말 재미있고, 사람들이 배달의민족을 좋아하게 되는 게 좋고, 의미 있는 경험을 쌓아가고 성장하는 게 너무 좋아서 사실은 월급 주지 않아도 할 수 있지만 그건 비밀로 하고 살고 있죠.

더 나은 사람이 되고 싶어서 구체적으로 실천하는 사람

퇴근하면 마케터 모드를 끄는 사람도 있지만, 어떤 마케터는 늘 켜져 있습니다. 쇼핑하러 매장에 들어가면 그 브랜드의 메시지와 표현방법을 나도 모르게 관찰하고, 뮤직 페스티벌에 놀러 가면 공연기획과 운영하는 사람들이 보이죠. 소셜미디어에서 누군가는 시간을 낭비하지만 누군가는 고객을 관찰하고 누군가는 멘토를 따라 배우고 누군가는 벤치마킹을 하죠.

더 나은 사람이 되고 싶은 사람은 성장가속도가 다른 것 같아요. 남들보다 늦게 시작해도 어느새 훌쩍 커 있습니다.

깊이 몰입해본 경험이 있는 사람

몰입해본 사람이 몰입의 기쁨을 알고, 남들을 나에게 몰입하게

I WANT YOU

- 배달의민족을 좋아하는 사람
- 일을 좋아하는 사람
- 더 나은 사람이 되고싶어서 구체적으로 실천하는 사람
- 깊이 몰입해본 경험이 있는사람
- 함께 잘 하는데서 기쁨을 느끼는 사람

만들 수도 있습니다. 몰입을 모르는 사람에게 그 기쁨을 설명하기는 너무 어렵습니다.

함께 잘하는 데에서 기쁨을 느끼는 사람

중요한 마케팅 캠페인들은 대부분 여러 사람이 힘을 합쳐 만듭니다. 한 사람의 천재적 능력보다도 다양한 여러 능력들을 모아내는 것이 중요합니다. 그래서 '우리'가 하는 일에 기쁨을 느끼는 사람이 필요해요. 내가 옳고, 내가 더 잘한다는 사람 말고요. 때때로 어떤 우수하고 똑똑한 사람은 자신의 우월함을 입증하고 다니기도 합니다. '내가 옳고 네가 틀렸다' 하고 말이죠. 개인은 우수할지 모르지만 팀에는 도움이 안 돼요. 오히려 마이너스가 됩니다. 이 똑똑한 개인 때문에 전체 팀워크가 망가지기도 해요. 어쩌면 이게 가장 중요한 항목인지도 모르겠습니다.

이렇게 기업비밀 수준의 이야기를 책에 쓰다니, 앞으로 채용에 어뷰징abusing이 생기는 것 아닐까 걱정되네요. 이 부분은 실을지 말지 끝까지 고민해야겠어요.

잘 맞는 사람과 함께 일하거나
함께 일하는 동료를 좋아하거나

동료나 후배들로부터 이런 고민을 들어봤을 겁니다.

"회사가 저랑 너무 안 맞아서 힘든데, 어디를 가나 똑같으니 일단 2년은 버텨야 하나요? 아니면 빨리 접고 맞는 곳 맞는 사람을 찾는 게 맞나요?"

어떻게 대답해주시나요? 이 질문에 정답이 있다고는 생각하지 않지만, 저는 후자에 한 표를 더하고 싶네요.

일 못한다고 쫓겨난 사람이 다른 환경에서는 잘한다고 인정받을 때도 있습니다. 분명 일 잘하는 사람이었는데, 회사를 옮기고 나서는 예전만 못한 경우도 종종 봅니다. 이걸 보면 개인의 역량도 물론 중요하지만 조직의 성격이나 함께 일하는 사람과의 '케미'가 중요한 것 같습니다. 개인 작업이 아닌 다음에야, 개인의 유능함보다 중요한 것은 사람들 사이의 케미입니다. 그중에도 가장 영향력이 큰 것은 상사와의 케미죠.

유능한 사람들끼리 모여도 함께하는 일의 결과가 좋지 않을 수 있습니다. 일이 뜻대로 되지 않는 스트레스 때문에 상사가 부하를, 부하가 상사를 미워하고 나쁜 사람으로 몰기도 합니다. 때로 어떤 사람은 자신을 비하하기도 합니다. 케미가 안 맞는 조직이 이렇게 위험합니다.

막상 새로운 조직을 찾아 떠나자고 생각해도 여러 가지 고민이 실행을 가로막습니다. 우선 지금 있는 조직의 좋은 점을 놓기가 쉽지 않죠. '그래도 여긴 월요일에 늦게 출근하는 건 좋은데', '그래도 동기들은 잘 통했는데.' 또 이런 고민도 이어서 옵니다. '이거 다 포기하고 옮겼는데 거기서도 사람들하고 안 맞아서 힘들면 어떻게 하지?' 그럴 수 있죠. 지내보기 전에는 모르는 거잖아요.

오래전, 첫 회사에서 퇴직 면담을 마치고 자리로 돌아오던 느낌을 지금도 잊지 못합니다. 저는 회사에 이런저런 불만이 쌓여 있었고, 마케팅 일도 즐겁지 않았습니다. 마케팅이 나쁜 일처럼 느껴졌어요. 그러다 보니 출근길이 갑갑하고, 사무실이 답답하고, 제 책상도 불편했죠. 여행작가가 되겠어! 마침내 결심하고 회사에 알렸습니다. 퇴직 면담은 짧게 끝났어요. 그런데 면담을 마치고 제 자리로 돌아오는데 눈앞의 책상이, 그렇게 갑갑하고 불편했던 책상이 너무 익숙하고 따뜻하고 사랑스러워 보이고 연필꽂이 하나, 펼쳐진 노트 하나하나가 '어디 가?! 여기가 네 자리야!'라며 울먹이는 것 같았어요. 저도 모르게 얼굴에 뜨거운 게 울컥 올라왔습니다.

몇 달 후, 저는 여행작가가 되지 못하고 다시 회사원으로 돌아왔습니다. 네이버에서 브랜드마케팅을 하게 됐어요. 새로운 환경에 적응하는 과정이 마치 인간 장인성이 샥샥 분리됐다가 다시 새로운 질서로 조립되는 느낌이었어요. 일 천재들 속에서 주눅도 들었지만 많은 시간 짜릿하게 신나게 일했습니다. 당연하게도 늘 좋지는 않았어요. 때때로 우수 인재로 포상받았고 또 때로는 문제적 직원이었습니다. 장인성이 잘한다고 생각하는 사람들과는 신나게 잘했고, 장인성이 형편없다고 생각하는 사람들 앞에서는 잘되지 않았습니다. 역시 케미의 문제였던 걸까요.

좋아하는 사람, 잘 어울리는 사람들과 함께 일할 때, 더 크고 더 멋진 일을 만들어낼 수 있습니다. 동료들을 우선 믿어주고 사랑해보세요. 소중한 동료가 되어주세요. 마음이 잘 맞고 일의 합이 잘 맞는 사람들은 소중합니다. 소중한 사람들을 꼭 지켜내시기 바랍니다.

마케터의 리더십

- 조직장이 구성원보다 모든 면에서 나을 수는 없다. 이기려 하지 말고 그가 잘하는 것에 기뻐하며, 더 잘할 수 있게 만들어주자. 못하는 것을 개선하는 것보다는 잘하는 일을 더 잘하게 만들어주는 것이 좋다.

- 조직장이 바쁘고 정신없어 보이면 구성원들이 말 걸기 어렵다. 말 걸기 쉬운 사람이 되면 더 많은 기회가 생긴다.

- 재미있는 일, 하고 싶은 일, 내가 결정할 수 있는 내 일이라면 누가 시키지 않아도 더 잘하고 싶고 더 열심히 신나게 고민한다. 결정할 수 있어야 더 많이 생각한다.

- 피드백을 할 때는 일과 사람을 분리해서 일에 대한 이야기만 하는 게 좋다. 목표에 맞는 방법인가, 앞으로 어떻게 할 것인가 묻는다. 의견과 의사결정을 분명하게 구분한다.

- 마케팅은 개인보다 팀이 우선이다. 팀에서 함께 잘할 사람을 채용하는 것이 유능한 사람을 고르는 것보다 중요하다.

- 좋아하는 사람, 잘 어울리는 사람들과 함께 일할 때, 더 크고 멋진 일을 해낼 수 있다.

마케터
_____의 일

지금까지 '마케터 장인성의 일'을 읽어주셔서 고맙습니다. 저 장인성은 네이버를 거쳐 우아한형제들로, IT업계에서만 10년 넘게 일했습니다. 어쩔 수 없이 이 책에서 말한 마케팅은 다소 IT회사다운 마케팅이었을 겁니다. 유통이나 오프라인 매장도 잘 모릅니다. 저의 특수성이고 저의 한계입니다.

아마 여러분의 마케팅은 저와 다를 겁니다. 마케터 _____의 일은 무엇입니까? 줄 치고 읽었던 부분은 어디인가요? 생각이 다르다고 고개를 저었던 내용은 무엇인가요?

소셜미디어에 **#마케터의일** 태그를 달고 올려주세요. 그리고 자기 생각을 보태서 **#마케터_____의일** 태그도 함께 달아보세요. 제가 읽으러 갑니다. 모든 글에 다 답을 하지는 못해도 다 읽기는 하겠습니다. 마케터로 동시대를 살아가고 계신 여러분, 같이 지혜를 나눠봐요. 늘 응원하겠습니다.

고맙습니다

마케터로 일하면서 훌륭한 스승을 여러 분 만났습니다.

이 책에 쓴 말들은 모두 그분들께 얻어 배운 말들입니다. 어디부터 얻은 말이고 어디부터 제 생각인지 구분할 수도 없습니다. 나도 모르게 스승들의 지혜를 마치 제 생각인 양 떠벌리지는 않았는지 걱정되고 부끄럽습니다.

그래서 새삼 고맙습니다. 김봉진 대표님, 유승재 대표님, 조수용 대표님, 이해진 의장님, 이진수 대표님, 김재용 대표님, 황보현 CCO 님, 방은하 ECD님, 홍성태 교수님, 신병철 박사님, 박용후 대표님,

양문성 대표님, 박항기 대표님, 스티브 잡스, 지금까지 읽어온 많은 책의 저자들, 한 명 한 명 이름을 다 쓰지 못한 과거와 현재의 동료들, 배달의민족을 사랑스럽게 만들어가고 있는 우리 마케터들에게 고마움을 전합니다.

그리고 제가 마케터이기 이전에 조금 더 나은 인간이 되고 싶게 해주는 아내 이현주에게 사랑과 존경을 전합니다.

공감하고
경험하고
함께하는
마케터의 일

2018년 4월 5일 초판 1쇄 발행
2024년 10월 1일 초판 19쇄 발행

지은이   장인성
펴낸이   김은경
펴낸곳   ㈜북스톤
주소   서울시 성동구 성수이로7길 30, 2층
대표전화   02-6463-7000
팩스   02-6499-1706
이메일   info@book-stone.co.kr
출판등록   2015년 1월 2일 제 2018-000078호

ⓒ 장인성
(저작권자와 맺은 특약에 따라 검인을 생략합니다)
ISBN 979-11-87289-31-9 (03320)

북스톤은 세상에 오래 남는 책을 만들고자 합니다. 이에 동참을 원하는 독자 여러분의 아이디어와 원
고를 기다리고 있습니다. 책으로 엮기를 원하는 기획이나 원고가 있으신 분은 연락처와 함께 이메일
info@book-stone.co.kr로 보내주세요. 돌에 새기듯, 오래 남는 지혜를 전하는 데 힘쓰겠습니다.